これで金持ちになれなければ、一生貧乏でいるしかない。

お金と時間を手に入れる6つの思考

金川顕教

ポプラ社

はじめに　〜「時給思考」のススメ〜

この本を手に取ったあなたに質問です。

あなたは、なぜお金持ちになりたいのでしょうか？

もし、あなたが「年収が高い人ほど幸せになれるから」と思っているのであれば、その答えはＮＯだと私は考えます。

世の中のメディアやインターネットを見てみても「年収１０００万円になるためには」「月に１００万円稼ぐには」といった方法論やマニュアルは、数多くあふれています。

現代社会において、人は自分が持っているお金の金額が大きければ大きいほどに、幸せになれるのだとつい思い込んでしまうもの。

でも、それは本当に正しいのでしょうか？

仮に同じ年収だったとしても、1日20時間働いて得る年収1000万円と1日3時間しか働かないで得る年収1000万円とでは、大きく違います。

お金があればあるほど、衣食住といった基本的な悩みは解決できるかもしれません。しかし、そのなかでどうしてもお金だけでは解決できないのが「時間」の問題です。

家族やパートナー、仲の良い友達など自分の好きな人たちと自由に会うための時間。自分の好きな趣味に費やす時間。疲れたときに、ゆっくりとリラックスする時間。こういった精神的にも時間的にも自由な時間を得ることが、「幸せな生活」を送る上での最も重要な要素であると、私は考えています。

仮に年収が1億円あったとしても、毎日20時間たった一人で働き続けて、ストレスを抱えたまま家に帰れば寝るだけの生活に魅力を感じるでしょうか？

つまり、いくらお金があっても、自由な時間がない限り、幸せになれないということ。年収や月収という金額にだけとらわれてしまうと、「幸せ」になる機会を失ってしまいかねないのです。

そこで、幸せなお金持ちになるために、私が考えてほしいのが「時給で自分の労働とその対価を考えてみる」という思考法です。

いま、あなたは1時間あたり、いくらのお金を稼いでいるでしょうか？

仮に、あなたが朝9時から夕方5時まで8時間働いて、月収30万円を得ているとします。平日のみの勤務体系ならば、週に40時間。月でいえば、160時間以上働いている計算になります。

単純に30万円を160時間で割ると、1時間あたり1875円。

マクドナルドでアルバイトするよりは2倍ほど高いでしょうか。でも、もっと割の良いアルバイトは探せばほかにもあるかもしれません。

仮に会社の規定で定められた労働時間が8時間だとしても、あなたが朝9時に出社するためには、朝7時に起き、顔を洗ったり、歯を磨いたり、着替えたりして、朝8時には満員電車に乗り、片道1時間近くかけて通勤をしているかもしれません。

帰りには、嫌いな上司やクライアントの飲み会に付き合った後、また片道1時間かけて帰宅をしているのではないでしょうか。さらに、仕事が終わらない場合は、サービス残業をすることもあるでしょう。

土日も終わらなかった仕事を持ち帰ったり、あるいは、平日の仕事に疲れ切ってしまって、結局終日やりたいこともできずにダラダラしたまま過ごしてしまったりする日もあるでしょう。また、せっかくの休日なのに、日曜日の夜には、月曜日に出社するストレスを感じ、悶々としたまま過ごしている可能性もあります。

そう考えると、あなたの時給は1時間あたり1875円よりも、もっともっと低い金額になっているでしょう。


現在の私の1日あたりの収入は、約100万円です。

私自身が1日のうちに「仕事に割いている」と思う時間は、およそ10時間ほど。

毎日、朝10時から20時の間は、年中無休で働いています。

10時間のうち9時間は、新しいことにチャレンジするための自分自身の勉強や、経営者仲間たちとの情報交換、体調管理のためのジム通いなどに充てています。はたから見たら遊んでいるようにも見えるかもしれませんが、これらも私にとっては大事な仕事の一環。実際、それでも会社は毎年利益を伸ばしています。

そして、一般的な実務にかけている時間はおよそ1時間ほど。「仕事をできるだけ効率化したい」と突き詰めた末、自分でやらなくていいことは最低限にし、細かい実務はほかの人に極力任せるようにしています。

だから、ものすごく厳密に言えば、私が働いている労働時間は、実質1時間。時給換算すると100万円といえるのです。

別に最初から「1日1時間しか働かない」と決めていたわけではないのですが、自分が幸せになれる働き方、もっともモチベーションが上がる働き方を模索した結果、「時給100万円思考」といういまの形に落ち着いたのです。

ここで私が声を大にして言いたいのが、単に年収や月収というものさしで人生を考えないということ。自由な時間が得られないと、仮に高い収入を得ても意味がありません。

自分の収入と労働時間を比較した「時給思考」で自分自身の働き方を見直したときに、あなたはいま満足いく「時給」を得られているでしょうか？

もし、「得られていない」と思うのであれば、本書に書いてあることをいますぐ実行に移してください。

会社員の人なら、自分の仕事を見直し、より効率化を図ること。空いた時間で、スキルアップのための勉強やなにかしら副業をしてもいいでしょう。フリーランスの人や経営者の人なら、より仕事の無駄をはぶき、自分の仕事の単価を上げる方法や収益を上げる方法を考えてみてください。


とはいえ、いまでこそ31歳にして「時給100万円」で働いている私ですが、もちろん最初からそんな金額を稼いでいたわけではありません。

少し自分自身の話をすると、私は小さいころから絵に描いたような劣等生でした。

必死に勉強していたにもかかわらず、まったく成果が上がらず、中学のころはテストを受けてもいつも110人中80番台あたりをさまよう始末。

いくら勉強しても、ちっとも成績がよくならないので、「あぁ自分は頭が悪いんだな」と諦めて、まったく勉強しない学校生活を過ごしました。そんな生活にさらに追い打ちをかけたのが、突然の両親の離婚。それを機に、私は髪を茶色に染め、ピアスを入れるような典型的な不良少年へと変貌してしまいました。

勉強などせず、日々遊んで暮らす毎日。なんとか高校には進学したものの、偏差値35のヤンキー高校。高校時代は私にとってかなり悲惨なものでした。

ヤンチャが過ぎて学校でボヤ騒ぎを起こして学校中に迷惑をかけたり、離婚した親同士の間で、私をどちらが引き取るかという問題などに直面したりするなど、普通の高校生では経験できないようなたくさんのトラブルに見舞われました。

でも、そうした様々な辛い経験をした結果、私が強く感じたのが、「なんとか自立した生活を送るためにも、良い大学に行きたい」という想い。その結果、高校3年生のときには、無謀にも「早稲田か慶應に入りたい」と口にするようになっていました。

とはいえ、小学校から高校に至るまで、まったく勉強ができなかった私が、そう簡単に大学に受かるわけもなく、現役時代の受験結果は惨敗。ただ、中途半端な妥協はしたくない。そう考えて猛勉強し、偏差値35からの2浪の末、立命館大学に合格したのです。

2年間のブランクを経て、ようやく晴れて得た「大学生」というステータス。他の学生たちがサークル選びや新歓コンパに明け暮れている大学1年生の4月。私はすぐさま公認会計士試験の予備校に申し込みました。

なぜ、公認会計士試験だったのか。

それは、「何も知らない人が起業家になるには、会社運営を学ぶ上で一番良い資格だから」と知ったためです。

立命館大学は全国的に見ても有名な大学で、そのまま4年間在籍して、しっかりとした成績を収めていれば、そこそこの企業に就職して、安泰な生活を送れたかもしれません。でも、それでは自分は満足できない。そう思いました。

両親の離婚や偏差値35の状態から始めた2年間の苦しかった浪人生活など、これまで自分は様々な苦労をしてきた。それなのに、いまのままでは仮に就職したとしても、卒業の年度が一緒だからという理由で、同時に入社する人たちと給料は変わらない。個々人の能力や努力ではなく、「年度」で給料が決められるような、自分の苦労が全く報われないシステムのなかで、働き続けるのは悔しいと思ったのです。

ならば、将来は、給料ではなく、自分のやった分だけ稼げるように事業を起こしたい。そのためには、公認会計士になって、会社運営の方法を学んだほうがいいんじゃないか。そう考え、大学入学直後から公認会計士を目指して勉強を始めました。

「まさか在学中に公認会計士試験に合格できるわけがない」

「そんなことより、一生に一度しかない大学生生活をもっと楽しんだほうがいい」

そうした周囲の声を後目《しりめ》に、2年本科コースを経て、ひたすら勉強した結果、公認会計士試験に合格。在学中に、「有限責任監査法人トーマツ」で働くことになり、東京と京都を行き来する生活をはじめました。

正直、四大監査法人のひとつと呼ばれる名門企業に就職できたことで、私はかなり浮かれていたと思います。外資系の有名監査法人の会社員ということで、どこに行ってもチヤホヤされ、初年度から年収600万円という同世代の会社員に比べればかなり好待遇の給料も手にしていました。そのため、最初のうちは、起業するのもいいけれども、このままこの会社で働き続けて、トップを取るのもいいな……とも思っていました。

でも、誰にでも自慢できるような職業と収入を得たにもかかわらず、不思議なことに「この会社で働きたい」という気持ちは次第に薄れていったのです。

その大きな理由は、同じ会社で働いている先輩や上司たちが、ちっとも楽しそうではなかったという点です。

外資系監査法人の給料は、一般企業に比べると高めに設定されており、優秀な人なら30歳手前で年収1000万円。40代にさしかかるころには年収1500万円。最終的には3000万円くらいもらえるケースもあります。金額的に見ればどう考えても将来は安泰です。

でも、その内実は、朝から晩まで働き詰めで、土日も仕事をしているような人が大半。家庭を持っている人でも、満足に家族と触れ合う時間もなく、自分の好きな趣味などに費やす暇もない。そうした先輩たちの姿は、まだ20代前半だった私から見ても、「幸せそう」には思えなかったのです。

実際、私自身も、文字通り毎日朝から晩まで働き詰めでした。土日も関係なく、仕事をしていて、たまに休みがあっても疲れて1日眠るだけ。この会社にいた数年間は、多分世の中にいる会社員と比較しても、かなりの長時間ワーカーだったのではないでしょうか。

疲れ切って、満たされない自分について、「自分はこんな風になりたくて、大学受験や公認会計士試験のつらい勉強を耐え忍んできたわけではない」と感じている自分に気付いたとき、在職したまま副業に挑戦。副業開始から数カ月後には、当時もらっていた給料より稼げるようになっており、会社に辞表を提出していました。

その後は、当時副業でもやっていたインターネットを活用した教育事業、不動産コンサルティング、講演会などのビジネスを中心に事業を展開し、時給換算すれば、1時間100万円程度の収入を得ています。

なによりも大切なのは、「自分が好きだと思える人」と「好きなときに仕事をする」というスタンスを守れているということ。まったくストレスもなく、自由に働きながら、日々を過ごせていると自負しています。

幸せなお金持ちになる方法は、決して簡単なものではありません。でも、生まれながらのエリートではなく、一度はドロップアウト寸前までいった私が、時給100万円になるまでに実践してきた6つの思考法を、本書のなかではご紹介していきます。収入と職業だけに左右されず、より「幸せ」にお金を稼ぐ体験を、この本を通じてもっともっと多くの人に実感してもらえればと思います。

7月某日　金川顕教

目次　これで金持ちになれなければ、一生貧乏でいるしかない。
お金と時間を手に入れる6つの思考

第1章

自分の現状を認識して、目標を習慣化する思考

第2章
実際に動けるようになるための思考

第3章

すべての行動を「時給」でとらえる思考

第4章

一流の人から学ぶという思考

第５章

お金ときちんと向かい合う思考

第6章

会社の名刺に頼らないという思考

第1章

自分の現状を認識して、目標を習慣化する思考

日常の習慣・行動を変えれば、才能や運は作れる

世の中には成功する人と成功しない人がいる。

それは歴然とした事実です。

では、両者を分けるポイントには、果たしてどんなものがあるのでしょうか。

才能や、運。生まれもったバックグラウンド、誰にも負けないような血のにじむ努力……。

様々な要素が頭に思い浮かぶことでしょう。

でも、私はこうした「成功するための要素」は、あくまで後付けでしかないと思っています。**才能や運は自分で作ることができるし、バックグラウンドを無視して成功することも可能。**

私自身これまでに、何千人という人の個人コンサルティングを担当してきました。その際に「成功する人」と「成功しない人」を目の当たりにしてきました。そしてわかったのです。

「成功する人」に共通することは、たったひとつだと――。

その共通点とは、**「自分の思考をいかに『成功者の考え方』に変えられるかどうか」**ということです。

私のところに相談に来る人の多くは、「稼ぎたいんです」「結果を出したいんです」という言葉を、前のめりになって口にします。でも、多くの人は、そうした言葉を口にするだけで、結局、成功しません。その一番の理由は**「成功者の考え方」を手に入れていない**からだと気が付きました。では、成功者の考えを手に入れるとは、どういうことなのでしょうか？


「考えている」だけでは、「思考」は変わらない

多くの人は「成功したい」「人生を好転させたい」といった考えを抱いています。

でも、あくまで「考えるだけ」で終わらせてしまい、肝心の「思考を変える」というところまでは、たどり着いていません。

よし、成功しよう。

そう考えたところで、成功者の思考は手に入りません。

では、**「ただ考える」ことと、「思考を変える」ことにはどんな違いがあるのでしょうか。**

「思考を変える」工程として、次の3つのステップを意識してみてください。

①思考を変えると、行動が変わる
②行動を変えると、習慣が変わる
③習慣が変わると、結果が変わる

あなたが何かの目標を持ったとします。そうしたら、その目標を達成するために、**自分の行動や口癖を変え、習慣化させていく。そして、習慣化によって、自らの目標としていた行動を、無意識のレベルにまで落とし込む**こと。

これが「思考を変えること」につながると、私自身は思っています。

言葉だけではちょっとわかりにくいかもしれませんが、この3つのステップを、ダイエットに置き換えて考えてみると、その意味がよくわかります。

たとえば、あなたは最近少し太り気味で、ダイエットの必要があると想像してみてください。いかに頭のなかで「ダイエットをしたい」と強く願っていたとしても、毎日、ご飯を食べたいだけ食べて、休みの日にはのんびり寝ているような生活を送っていたら、いつまでたっても体形が変わることはありません。

「痩せたい」と本気で思っているのであれば、まずは「痩せるため」に自分の行動や口癖を意図的に変えてみるのではないでしょうか。

たとえば、ランチで定食を頼む際に、いつも大盛りご飯を頼んでいたところを、お茶碗半分程度にしてもらう。日ごろはエスカレーターに乗っていたところを、階段を意識的に使うようにする。周囲の人に「自分は太り気味だから、食べ過ぎていたら注意して」と呼びかける。「痩せたいから20時以降は炭水化物を食べない」と周囲に宣言して、実践してみる……。

毎朝起きたときに顔を洗うように、食後には歯磨きをするように、日々の行動を積み重ねていくと、無意識のうちに「行動」は「習慣」へと変わっていきます。一度「行動」が「習慣」になってしまえば、自分のなかでいちいち物事を選択したり、考えたりする作業がなくなり、無意識のうちに「痩せやすい行動をとることを習慣化」していくことができます。

そして、**ストレスなく、「結果」を手に入れることができる**のです。

ビジネスでもこれは同じこと。成功者たちは、みんな「成功するためのマインド」をしっかりと自分のなかに取り込み、実践しているからこそ、日々の行動のなかで、**無意識のうちに「成功するための習慣」を取捨選択している。**だから、結果を出すことができるのです。

「難しい」と思ったら負け

先日、私はあるセミナーに参加してきました。講師は年収1億円の方で、これまでに4万6000人に直接ビジネスの指導をして来たというやり手の方でした。その人は、年収が決まるのは心理学が80％だと言っていました。一度でも月に100万円を稼いだことのある人なら、新しい分野でもまた100万円稼ぐことは可能だと言うのです。

なぜかというと、脳が覚えているから。そうすると、思考が行動を生み出します。それが習慣となっていくと実績、つまり結果を生み出します。だからスタートの「思考」がとても大事なのです。

「思考」「行動」「習慣」「結果・実績」――この積み重ねが成功へと導いていくのです。そのためには、何ごともまず「自分にも簡単にできる」と思うことが必要です。

「難しいからできないかもしれない」と思ったら、まず確実にできません。私は、2013年からセミナーをやり始めたのですが、以前は人前で話すのは苦手でした。でも「簡単だ」と思ってやり始めたら、できるようになりました。

『思考は現実化する』という、成功哲学の提唱者の一人、ナポレオン・ヒル著の本があります。タイトル通り「考えたことは現実になる」という内容です。「難しい」と思ったら、可能だったはずのことでも不可能になってしまう。

実際のところ、月100万円の収入を得ることは簡単です。年収1200万円が達成できないならば、どこかで難しいと思っているか、行動、習慣のどこかに問題があるのです。

年収3000万円以上の人は、500人に一人だと言われていますが、これを聞いたあなたはどう思いますか？

「0・2％か。それは厳しいな」と思ったあなたは、そこに到達するのは難しいでしょう。思考が「難しい」と思ったら難しくなってしまう。「1000人中、2人しかいないのか。じゃあ自分は無理だ……」と思ったらそこで終わり。「自分は1000人中、998人があきらめてしまうことをやればいいんだ！」と考えるべきなのです。

あなたはどうでしょうか？

年収3000万円に到達するのは、難しいと思いますか？　もしもそう思うのであれば、この先でご紹介する「成功者の思考」の作り方をぜひ体得してください。

現状を見つめ「できない自分」を認めよう

ただ「思考を変えろ」と突然言われても、何をしたらいいのかわからないと戸惑ってしまう人も多いでしょう。そこで、私自身が自分の思考を変える際に取っているいくつかの方法をご紹介します。

この本を手に取ったあなたはおそらく「ビジネスで成功したい」「お金を稼いで結果を出したい」という気持ちを強く持っている方だと思います。

では、なぜあなたは現在の段階で成功していないのでしょうか？

なぜ、なりたい自分になれていないのでしょうか？

多くの人が「成功したい」と口にしながらも、成功できない。

それは、「自己認識」が圧倒的に足りていないからです。


「自分だって、運やタイミングがあれば、稼げるはずだ」、「いまはまだ、本気を出していないだけで、何かきっかけがあれば、自分だって変われるはずだ」などと、内心、いまの自分のままで、なんとかなる。あるいは、いますぐには動けないけれどそのうちに……などと思っているのではないでしょうか。

現時点で成果が出ていないのであれば、それはあくまであなたの驕《おご》りであり、幻想です。仮にあなた自身が素晴らしい素質を持っていたとしても、いまのあなたには何かしらの能力が足りていない。また、仮にあなたが努力をしていても、その努力が足りていないということ。あるいは、努力する方向が間違っているということ。

だからこそ、あなたはいま成功できていない。その事実を、まずしっかりと受け止めましょう。それができないと、結局はいつまで経っても同じところにとどまったままです。

だからといって「自分はなんてダメなんだ」と悲観的になる必要はありません。

お腹が痛いときに、咳止め薬を飲んでも意味がありません。正しい治療を受け、処方薬をとる必要があります。つまり、**一度自分に足りていない部分を論理的に分析して把握して弱点を補強すること**。それこそがより自分自身を向上させる第一歩になります。

己の現状を直視するのは、正直ストレスのかかる作業です。向き合いたくないと目を背けたくなる気持ちもわかります。だからといってそのまま放置していては自分自身を変えることはできません。むしろ、弱点を直視して「自分にはまだ学ぶべきことがたくさんある。だから人のアドバイスを聞こう」という前向きな気持ちを持つことが大切なのです。

理想を持つことで、自分に足りないものを見極める

自分の現状を把握し「成功するためには何かが足りない」ということに気付いたら「何か」を埋めればいい。そのために必要なのが**「自分にとっての理想やゴール」を見つけること**。

目標を設定することで、より自分が取るべき行動や、直すべき習慣が見えてくるはずです。このときの目標は、なるべく具体的に思い描きましょう。

たとえば、北海道に行きたいのに、沖縄行きの飛行機に乗る人はいません。着地点が違えば、そこに至るまでの手段や対策は変わってきます。どういう方向に自分が進んでいきたいのか。そして、どういう風になりたいのかによって、取るべき努力や行動、たどるべき道筋は変わってきます。

目的地はできるだけ明確であるほうが、より取るべき手法は具体的になります。「もっと稼ぎたい」と思っているのなら、どれぐらい稼ぎたいのかを具体的に設定します。

私が知っている某社長さんの場合、起業した理由は「毎日おいしいご飯が食べたいから」だったそうです。あるとき、恋人の誕生日にドレスアップして、一人3万円する有名な焼き肉店に行ったところ、店内には普段着を着て、まるでファミレスにでも来ているような気軽さで焼き肉を食べている客がたくさんいたのだとか。

そのとき、「あぁ、自分たちはこの店に『特別なとき』に来ているのに、この人たちにとってこの店に来ることは『日常』と変わらないんだな」「自分たちがファミレスに来るのと同じ感覚でこの店に来ているんだな」と衝撃を受けたのだそうです。その様子を見たときに「自分ももっとお金を稼いで、毎日こういう高級店で気軽に食事ができるようになりたい」と思い、起業を決意したそうです。


「年収を上げたい」「お金持ちになりたい」と思っている人は、まず**「そのお金を稼いだら何をしたいのか」**を具体的に考えてみてください。

湾岸エリアにあるタワーマンションに住みたい。親に家を建ててあげたい。欲しいと思った服を値札を気にせず買えるようになりたい……。

内容はなんでも構いません。漠然と「年収を上げたい」「1億円の資産を作りたい」などと考えているうちは、「いつかなれたらいいな……」と思い描くだけで、現実味を感じられずに夢のままで終わってしまいます。そうならないためにも、まず、自分が憧れる生活を、部分的にでもよいのでリアルに体験してみて、その良さを知ってみてください。なんだかわくわくしてきませんか？

差を認め、自分に足りないものを徹底的にリサーチする

目標達成のためには、成功している人と自分の間にある差を知ること。そして、「どうしたらその人との差を埋められるのか？」を徹底的にリサーチしましょう。

「はじめに」でも書いたように、私は大学受験に2回失敗しています。何時間も何時間も勉強しているのに、全然成果は上がらない。私は偏差値35からのスタートだったので、もともとの学力が低かったという要因もあるかもしれませんが、1日16時間以上勉強し、ひたすら問題集を解き、人一倍時間も労力もかけているつもりなのに、まったく偏差値が上がらないのです。

うまくいく人とうまくいかない人の間には、必ずなにかしらの「差」があります。野球がうまくなりたくても、素振りの練習をしているだけでは、ホームランが打てないのと一緒です。

ゲームでもなんでもそうですが、攻略法を知っているのと、知らないでやみくも

に行動するのとでは、まったく成功に至るまでのスピードや必要とされるエネルギーが違います。

たとえば、私の場合、受験生時代には「ひとつのことをコツコツと積み重ねるのが大切なんだ」と思いこみ、英語の単語ばかりを暗記し続けていて、問題集を全然解いていませんでした。当然ながら、結果は惨敗。

単語も覚えつつ、文法問題や長文問題も解いておいたほうがいいに決まっている。いまはそう思います。でもそのときの私は自分と周りが見えておらず、「とにかくひとつのことを勉強すればいい」との想いで、一人突っ走ってしまったわけです。

2浪した末に気が付いたのは、自分にはリサーチ能力が欠けていたという点。「自己流で勉強しても失敗するだけだ。だったら、実際に偏差値の高い人や志望校に合格できた人は何をしているのかを参考にしたら、早く結果がでるんじゃないか」と思い立ち、そこから、大学受験に成功した人たちを何人もリサーチして、徹底的に彼らの勉強法を真似し尽くしました。

結果、2浪の末、晴れて念願の難関私大に合格することができました。

相手との「差」に気づいていないうちは、自分に何が足りないか、そしてどんな手段を取るべきなのかを知ることはできません。自分より成功している人、自分より稼いでいる人が何をやっているのか。自分に言い訳をしたり、「あの人は運が良かったからだ」と妬んだりするのではなく、まずは冷静に、**憧れる人と自分の「差」を認めましょう。**そうすれば、自分がいま、置かれている事態の深刻さがわかるはずです。

もしも、自分では「差」がわからないようであれば、自分の身近にいる「理想」に近い人に、「なぜ自分が成功できないのか」とその理由を聞いてみましょう。自分でグルグルと原因を模索しているだけでは、果たしてどれが正しいのかわからないこともあります。

そんなときは、自分より知見がある人や、自分よりもずば抜けて結果が出ている人に聞きに行くこと。そして、客観的な意見を求めてみて、それをまず実践してみて様子を見てみるのが一番だと思っています。

機械が壊れたら、その原因を調べるのと同じように、自分がうまくいっていないのには、なにかしら解決可能な理由がある。その理由を探るために大切なことは、自分と成功者の違いを突き詰めていくことです。

ただ、機械と違って、人生には取扱説明書はありません。人によって、得意・不得意はあるものですし、その人自身の個性やバックグラウンド、そのときに置かれている状況も変わってきます。だからこそ、自分の理想とする人と自分を比較することで、自分の足りない部分を補う必要がある。そんな地道な作業を繰り返すことで、自分だけのトリセツを見つけていきましょう。

何かを始める前は、最低３００人以上にリサーチしよう

私自身、これまでに様々なチャレンジをしてきました。その過程で、何度も何度も失敗して、なんとか自分がうまくいく道を模索し続けてきたなかで、ベースとなったのは「リサーチ力と分析力」だったと思っています。

まず、**失敗する人の多くは、「リサーチと分析」が圧倒的に足りていません。**

たとえば、何かのビジネスを成功させたいのであれば、自分より先にそのビジネスに成功した人は、どんなことをしてきたのか。どのくらいの努力をしたのか。どんなことが成功のきっかけになったのか。バックグラウンドにはどんなものがあったのか、生活スタイルはどんなものなのか……。

これを知っているのと、知らないのとでは、大きく結果は異なります。


ちなみに何かをリサーチをする場合、誤差範囲を少なくするための適切なサンプリング数は300人〜400人だといわれています。この説に基づき、何か新しいことを始めるときには、300人以上から情報を集めるようにしています。

たとえば、新しいビジネスをスタートするのであれば、

「なぜそのビジネスを始めようと思ったんですか」

「そのビジネスはどうやって思いついたんですか」

「ビジネスを軌道に乗せるまでに大変だったことはなんですか」

「どうやって資金を調達したんですか」

「どんな資料を参考にしましたか」

「ターニングポイントは何だったと思いますか」

など、300人以上に細かい質問をし続けます。質問を繰り返し、様々なケースをサンプルにすることで、自分に欠けているものや自分が今取るべきアクションが、より明確になっていくはずです。

もちろん、その分野に関する人脈がなく、直接自分が質問してサンプルを集めることができないかもしれません。その場合は、本を読んだり、ネットなどで情報収集したりして、できるだけ多くの体験者や実践者の声を集めるようにしましょう。

「知っている」と「できる」には知識の違いがある

「差」を知ること。「自分がなぜ失敗したのか」を知ること。

それをリサーチして分析することが成功への近道だとお話ししました。

でも、「これで稼げるはずだ！」と思う前に、まず一度立ち止まって考えてみてください。あなたは本当にその知識を自分のものにできているでしょうか。

いまの世の中、本や雑誌はもちろんインターネット上にも「稼げる方法」が溢れています。にもかかわらず、多くの人は稼げないまま。それは、**「自分が知っていること」と「自分ができること」を混同して考えてしまいがち**だから。

すでに自分が知っていると思っていることでも、実際にやってみるとできない……ということは往々にして起こりがち。プロが教えるゴルフのスイングの方法自体は知っていても、実際に自分がコースに出てみるとプロゴルファー並みのスイングはまったくできない。

稼ぐ方法にしても同じこと。理論や知識をいかにインプットしたとしても、**実際に自分がそれを一人で再現できるレベルにまで達しているかどうか**はまた別の問題です。

私自身、多くの人をコンサルしてきて、「知っている人」と「実際にできる人」の間には、５段階のレベルの差があると感じています。

レベル①　その知識やスキルを知っているのか
レベル②　その知識やスキルを理解しているのか
レベル③　その知識やスキルを自分でやったことがあるか
レベル④　その知識やスキルを自分一人で再現することができるのか
レベル⑤　その知識やスキルを他人に教えたことがあるのか

多くの人は、おそらくレベル①からレベル③くらいまでの間で満足してしまい、それ以上を極めようとしません。仮にレベル③の段階であっても、もしまだ「お金を稼げていない状態」なのであれば、それは単に「やってみている」だけ。

一番理想的なのは、「自分がその方法でお金を稼げる」ということだけではなく、「誰かに稼ぎ方を教えてあげられる」というレベルにまで達すること。中途半端なレベルで満足するのではなく、誰かに教えられる水準を目指すことで、ようやくそのスキルを自分のものにできるのだと自覚してください。

インプットしたら3倍のアウトプットが必要

公認会計士の試験勉強時代に私がよくやっていた勉強のひとつに「答練」という勉強法があります。授業を受けたらすぐに問題を解き、間違えたところがないかを確認する。間違いがあった場合は、なぜそこを間違えたのかを再度復習し、問題を解きなおします。実際に反復して勉強することで、記憶を定着させるのです。

これはどんなスキルにも応用できます。

人前で話すのが苦手な人は、「話し方の本」を読んで勉強するのではなく、ざっと一通りのトーキングスキルを学んだら、ひとまず人前でスピーチする経験を積んでみること。その後、やっていくうちに「なぜ自分が話すのが苦手なのか」「人前で話をするにあたって自分がわかっていないポイントは何か」が見えてきます。

何かのテーマで本を読んだとしたら、その本に書かれていることを誰かに話してみたり、文章化してみたりしましょう。

アウトプットする量は、「インプットにかけた時間の3倍」が理想的です。セミナーを1時間受けたのであれば、3時間続けて誰かにその内容について語れる状態になる。そして、1冊の本を1時間で読んだのならば、その本についての感想やレポートを3時間分書く。あるいは3人に話をする。

インプットの3倍のアウトプットができないということは、まだ自分が完全にその知識をインプットできていないという証拠です。もう一度インプットを繰り返し、自分が理解できていなかったところや、わからなかったところを、今度は本や先生、自分よりも上手な人から追加で知識を得て、もう一度やってみる。それを繰り返します。

なぜ反復して実践する必要があるのかというと、**「自分に足りない部分を知るため」**です。漫然と「なぜうまくいかないのか」と思うのではなく、「何が違うのか」「どうすればうまくいくのか」をより具体的に知るために、何度も繰り返し本を読んだり人からの教えを乞う作業が必要になっていくのです。

インプットしてから、アウトプットするまでの期間は、短ければ短いほど効果が高いです。回数も1〜2回ではなく、何度も何度も繰り返す。「最低でも3倍のアウトプット」ができるようになるまで、反復してください。

データや確率にまどわされるな！

私のところに来るのはみな「稼ぎたい」人たちです。私は彼らに「一度稼ぐと決めたからには年収3000万円くらいの高い目標を設定してください」と言います。するとと、ほとんどの人は「年収3000万円なんて、無理に決まってます」と言います。

果たして本当に「無理」なのでしょうか？

そもそも、年収3000万円以上稼ぐ人は、日本中でどのくらいいるのかを、みなさんはご存じですか。

給与として年収1000万円以上稼ぐ人が、日本中で25人に一人。年収3000万円以上稼ぐ人は、500人に一人だと言われています。

それだけ聞くと、かなり狭き門のように感じることでしょう。でも、年収3000万円を目指すのは本当に無理なのでしょうか？　答えは、NOです。東大に合格できる人は3000人に一人だと言われています。あくまで確率論ではありますが、東大に合格するよりは、年収3000万円以上になる方が、確率が6倍ほど高いということになります。

もうひとつ大切なポイントとして挙げられるのが、「本当にそのデータの調査対象となる人たちが本気で年収3000万円を目指していたのか」という点です。

たとえば、東大に受かる人が3000人に一人だったとしても、東大の競争率が3000倍なわけではありません。調査対象は、「東大を目指した3000人」ではなく「大学受験者全般」ではないでしょうか。

年収についても同じことです。年収1000万円以上の人が100人に4人だとしても、100人全員が「年収1000万円にしてやろう」と努力しているわけではありません。年収3000万円にしてもそうでしょう。実際、いま私のところに

「成功者になりたい」と言ってやってくる人たちのなかでも、「本気で年収3000万円以上を目指している」と断言する人は、ほんの数人もいません。

この「確率」や「データ」に、人は惑わされやすいもので、先に数字を見たせいで、自分のなかでハードルを設けてしまう人が多いです。

私自身、公認会計士試験でも同じことを経験しました。統計上、公認会計士試験の合格率はだいたい8%と言われています。かなり狭き門のように感じてしまいますが、公認会計士試験には「記念受験」と呼ばれる「話の種に試験を受けておこう」という人も少なからず存在します。そうした人たちは本気で受かろうとは思っていないので、勉強にも本腰を入れていません。公認会計士試験のコースを選択しても、途中でやめてしまう人も多い。

そう考えると、本当に公認会計士試験の合格率は低いのでしょうか。途中で離脱した人や記念受験の人を含めると、この数字は正しいとは思えません。

身近な事例ではありますが、当時、私が一緒に公認会計士試験の勉強をしていた人は20人ほどいましたが、最終的には全員が合格しました。

つまり、**統計やデータを鵜呑みにするな**、ということ。そして、本気でその目標に向かって努力した人の成功率は、もっとずっと高いものになる。

世の中のデータや確率や、周囲の「無理に決まっている」という声はすべて無視するのです。

自分からハードルを高くしていないか？

「どうせ自分には無理だろう」と思っていることも、実は不可能なことではない。しっかりとリサーチをしていくと、案外そのハードルが低いことも多いです。

私が大学在学中に公認会計士試験を目指していたとき、周囲のほとんどの人が「そんな簡単に受かるわけがない」「諦めたほうがいい」と言いました。在学中に公認会計士試験に通る人はごくわずか。大学受験で2浪もしている私が難関試験に受かるとは誰も思わなかったのでしょう。

でも、公認会計士試験は国家試験。要件を満たした全日本人に門戸を開いているものです。努力さえすれば受からないはずがない。そして私自身、公認会計士試験は、大学受験に比べたら簡単なのではないかと考えていました。

大学受験は、小学校、中学校、高校まで積み重ねてきた知識や試験テクニックなどがモノをいいます。でも、公認会計士試験を突破するために必要な知識は、多くの人にとって「初めて知る知識」。小学校の授業で「会社法」に関する勉強はしないし、中学校で「税金」の授業はないし、多くの高校では「経営学」についてのテストはありません。多くの受験者にとって公認会計士試験に必要とされる知識は「初めて勉強するもの」であると考えたのです。

みんなのスタートラインが同じなら、合否を決定するのは、いかに短期間により効率的に知識をインプットすることができるか。

そこで私は、具体的な勉強をする前に、公認会計士試験に合格した人の体験記や成功本をたくさん読み、それぞれの人たちがいったいどうやって試験をパスしたのか、どんな勉強法を取り入れたのかをリサーチしました。結果、大学在学中に公認会計士試験にパスすることができました。

ビジネスに関しても、**一見「自分にはできないかもしれない」「無理に決まっている」と思うことがあっても、諦めないこと。**周囲の声や自分の思い込みによって、目標のハードルを上げるのではなく、要素を分解し、冷静に考えてみると、実は難しいことではなかったり、努力すればなんとかなることだったりするケースも多いのです。

敵は「できない」と思い込んでしまう自分。何かに取り組む前には、まず思い込みを捨てましょう。

モチベーションを上げるための４つの対策法

「成功者になろう」と思ったとき、誰もが直面するいくつかの障壁があります。

そのなかのひとつが「モチベーションの低下」。最初はやる気があったのに、いざ思考を変えてみようとしても、行動がついていかない。行動自体は続けたものの、習慣として身につかなかった……というケースも、案外多いものです。

そんなときに、ぜひ実践してほしい4つの対策方法があります。

①やり方を変える

何かに取り組もうとして、モチベーションが低下し、やる気がなくなってしまった場合……。そのときはやり方を変えていけばいいのです。なぜなら、それは「あなたには合わない方法」だったかもしれないから。成功するための方法は、ひとつではありません。固執する必要はないのです。気づいたらすぐに舵を取り直しましょう。

大切なのは、そこで**「なぜ自分はその方法でうまくいかなかったのか」と分析して考えていく**ことです。

たとえば、「毎日5時間、ビジネスについて勉強しようと思っていたのにうまくいかなかった」という場合。それは勉強の仕方が悪かったのか、勉強する環境がよくなかったのか。それとも、教材がよくなかったのか。教えてもらう人がよくなかったのか。

モチベーションの低下を放置しないで、しっかりとその原因を分析しましょう。失敗は何回だって繰り返していいんです。実際に、私自身も、これまでに何度も失敗してきました。

ただ、失敗をしたなと思った際には、必ずその原因を分析し、自分に合うやり方にたどり着くまで模索し続けました。あなたが成功していないのは、あなたに合うやり方を見つけられていないだけ。「やっぱり自分にはできないんじゃないか」という諦めや言い訳を抱いてしまえば、そこで終了です。「自分がその目標にたどり着くためにはどうしたらいいか」を、見つめ直し、自分に合ったやり方にたどりつきましょう。

②自分の退路を断つ

「どうもモチベーションがわかないんです」と私のところにコンサルティングを受けにくる人を見ていて思うのは、内心「片手間でなんとかなるんじゃないか」「自分の本業は別にあるし、最低限の生活は確保できているから失敗してもいいか」という甘えがある場合が非常に多いということ。

人間は本当に切羽詰まったときに、やる気になります。小、中学生が夏休み前半には宿題をやらずに、8月31日になったら必死でやるのと一緒です。

新事業を始めたいと私のところに相談に来る人たちには大きく2つのタイプがいます。「会社を辞めて本腰を据えて頑張ります」という人と、「副業として事業をやってみて、軌道に乗ったら会社を辞めます」という人。この場合、会社に辞表を出し、切羽詰まった状態で起業した人のほうが成功しています。

「モチベーション」という概念を持つのは、それは何か他の事に気を取られている証拠です。「会社の仕事があって疲れていてやる気が出ない」という言い訳があるのなら、その原因をなくしてしまえばいい。「これをやるしかない」という状態に追い込まれれば、自ずと本気は生まれてくるものです。

もちろん、退路を断たれてしまうことによるリスクは高い。でも事前に期限を決めておいたり、数年間は暮らしていけるだけの貯金をしておくなどのリスクヘッジをしておけるのであれば、会社を辞めて本気で起業を考えるのも手ではないか。私自身はそう思っています。

③一度立ち止まってみる

それでもやる気がでないときは、一度立ち止まってみるのがいいと思います。

「作業1%、確信99%」という言葉を私はよく使っているのですが、嫌なことを「やらなくちゃ」と我慢しながらやるのは非常に能率が悪いし、成果も上がりにくいものです。

それよりは少し立ち止まって、「どうして自分は頑張っているのだろう」「どうして自分は成功したいんだろう」という根幹の部分を、振り返ってみるのがいいでしょう。

自分がどうしてそうしたいのかを明確にし、自分の道を確信することで、「じゃあ、それを手に入れるためにいまを頑張ろう」という状態にまで、自分を持っていくことができれば理想的です。

手段はあくまで手段。手段は、目的を達成するためのものであることを、忘れないようにしましょう。

④自分の理想の生活を体験してみる

いまは年収500万円だけれど、「本当は年収3000万円くらい稼ぎたい」という願望を持っているとします。そこで取るべき手段は、実際に年収3000万円稼いでいる人に会って、「どんな生活をしているのか」話を聞いてみることです。するど、年収3000万円の生活と年収500万円の生活の違いを、如実に感じることができるはずです。

「あぁ、うらやましいな」「自分もこんな風になりたいな」と心の底から思うことができれば、それが強いモチベーションにつながっていきます。

身近に年収3000万円の人がいなければ、「年収3000万円あったとしたら欲しいもの」を思い浮かべてみてください。

たとえば、それがフェラーリだったとします。そこでやっていただきたいのが、実際に「フェラーリに乗る」という体験です。

フェラーリの販売店に行けば誰でも試乗できるので、「フェラーリに乗る体験」とは、いったいどんなものなのかを実感してみましょう。座り心地、ハンドルを握ったときの感触、フロントガラスから見える景色を体験できれば「フェラーリに乗りたい」という気持ちがより強くなるでしょう。

「購入するお金もないのに試乗させてもらってもいいの？」

そう思って尻込みをしてしまうかもしれませんが、全く問題ありません。

「来月購入したいと考えているのですが、悩んでいるので試乗させてください」と言えば簡単に試乗できます。「そんなことを言って、本当にお金を持っているのですか？」などと無粋な質問をする販売員はいません。おどおどせずに堂々と試乗してくればいいのです。

車に限ったことではなく、いまの収入では手に入らない高級ブランドの服やバッグでも、住みたいマンションでもなんでもいいのです。服やバッグであれば試着もできるし、憧れのマンションがあるなら内見に行ってみてもいいでしょう。

ここで大切なことは**「自分が理想とする生活や手に入れたいと思っているモノを、リアルに経験してみる」**ということ。実際に現物に触れてみて、「フェラーリはいいものだ」と思えれば、これまではぼんやりとしたイメージしか持てなかった「年収3000万円の生活」が、よりリアルで身近なものになり、目標に向かって頑張るモチベーションになってくれます。

落ち込むのは、まだ余裕のある証拠

自分の実力が足りず、うまく結果がでないとき。

私はほとんど落ち込みません。なぜなら、**「落ち込む暇があるのなら、その間に自分が失敗した理由を探ろう」**と思うからです。

落ち込むのは「自分はもっとできると思っていたのに」という期待が裏切られるからこそ。つまり、自分の実力を過大評価しているのです。

思考を変えるためのステップ①「自分の足りない部分を認める」に通じる部分だ

と思いますが、「自分はダメだ」と思ったところからが、新しいスタートです。そこで自分には何が足りないのかを自覚し、改善していくことができるのです。

落ち込んだ回数が多いほど、人間は成長できる。ただ肝心なのは、落ち込んだときにどんな行動を取るかということ。

落ち込んだときに、ただ落ち込み続けている人には、成功は訪れません。「なぜ自分は落ち込んでいるのか」「これ以上自分が落ち込まないためにはどうしたらいいのか」を謙虚に考えて、分析するべきです。

壁にぶつかったり、落ち込んだりしたときは、「自分が成長できる良いチャンスだ」ととらえてください。

また、自分が落ち込んだとき、周囲の人のことを考えてみるのも手です。人が何かにチャレンジするとき、絶対に欠かせないもの。それは、周りの人の協力や支えです。逆に言えば、周りの人に支えられないと、今の自分は何もチャレンジができないわけです。

たとえば私が公認会計士試験を受けたとき、親からお金を出してもらっていました。自分を支えてくれている親のことを思えば、点数が悪くても落ち込んでいる暇はありません。私が試験に受かると信じて、私を応援するために、お金を出してくれたわけですから。

ビジネスにおいても同じこと。「結果が出なくて最悪だ。自分には運も才能もないんだ……」と、落ち込む自分に陶酔している暇があるなら、落ち込んでいる理由を考えるのが先決。一度「やる」と決めて、周囲の人を巻き込んだならば、なんとしてでも結果を出さなければダメなのです。

マイナスの感情はすべて無視する

もうひとつ。**あなたが何かに落ち込んでいるのは、「自分しか見ていないから」**。

同じ出来事が仮に他人に起こったとしたらどうでしょう。一度客観的に考えてみてください。

たぶんあなたは「そんなの全然小さなことなのに」と思うはず。人間はみんな、他人から見たら「なんでそんなに小さなことで悩んでいるの?」ということで悩む生き物です。友だちがあなたと同じ悩みを抱えていたら「たいしたことないよ。もっと前向きにとらえようよ」と、上手なアドバイスができるかもしれません。不安や落ち込みのループにはまってしまったら、もっと広い視野で物事を見てみましょう。そして「自分の悩みなど、たいしたことはない」と、頭を切り替えるのです。

そうした習慣をつけていくと、次に同じように失敗して落ち込んだときにどうしたらいいのか対処法が見えてきます。それを繰り返していけば、自然と落ち込まない人間になれるはずです。
生きていれば落ち込むこともある。自分自身や他人に腹を立てることもある。誰にでもあるごく自然な感情です。何もかも順風満帆で、失敗などしたことない。常にポジティブで落ち込んだり腹を立てたりしたことなど一度もない……そんな人はいるわけないのです。

ただ、いざ落ち込んだり腹を立てたりして心を乱すと、自分自身が嫌な気持ちになるし、エネルギーも奪われます。落ち込むこと自体は悪いことではないけれど、マイナスの感情はできるだけ減らしていったほうがいいのです。

落ち込むようなことや、腹立たしいことが起こったときこそ、新しい気付きを得て、成長するチャンス。ネガティブな感情を抱いている自分に気付いたら、すぐにポジティブな意識に変えていきましょう。

自分がなりたい人の「コンフォートゾーン」に近づける

知らない人に会いに行く。行ったことがない場所に行ってみる。やったことがないものに挑戦してみる。そんなとき、多くの人は緊張して二の足を踏んでしまったり、ストレスを感じてしまったりすることも多いのではないでしょうか。

でも、できるだけそうした苦手意識を減らして、**「コンフォートゾーン」を広げていくことが成功のカギ**だったりします。

「コンフォート」とは「快適」。つまり「コンフォートゾーン」とは「快適」な「領域」。ストレスやおそれ、不安を感じることなく安心して過ごせる環境のことです。それはつまり「自分自身の常識」で、無理することなく過ごせる環境です。当然、人によって日々接している常識や人、場所、サービスなどは変わってくるので、コンフォートゾーンの幅は変わっていきます。

たとえば普通の人は、寝るときは「家の中で布団に入って寝るもの」だと考えていると思います。「近所の公園で、ダンボールにくるまって寝てください」と言われたら、おそらく「絶対嫌だ」と思うでしょう。あなたにとっての寝るときのコンフォートゾーンは「家のベッド」だからです。

一方、高級ホテルのスイートルームで寝ることを常識としている海外セレブにとっては、普通のアパートやマンションの一室にあるベッドはコンフォートゾーンではないかもしれません。

この事例は極端かもしれませんが、自分のなかのコンフォートゾーンを広げ、自分の理想とする立ち位置の人たちがどのような状況を「常識」だと感じているのかを体感することは非常に重要です。

なぜなら、人間は自分のコンフォートゾーンから外れている情報が入ってきた場合に、スムーズに理解することができず、排除してしまうからです。仮にそれが自分にとって有益な情報であったとしても、ネガティブにとらえてしまったり、「自分には関係ない話」として処理してしまったりするのは、実にもったいないこと。

コンフォートゾーンは自分自身の経験や考え方によって、コントロールすることが可能です。もし、いまの自分の状況を変えたいと思うのであれば、自分が理想とする人のコンフォートゾーンに自分のコンフォートゾーンを近づけるように意識しましょう。

環境の変化とセルフトークでコンフォートゾーンは広がる

では、どうしたら自分のコンフォートゾーンを変えることができるのでしょうか?

方法は二種類あります。ひとつは、環境を変えること。

自分が理想とする成功者の仲間に入れてもらい、同じ行動をし、同じ思考を手に入れることです。**成功者と同じ行動を繰り返すことで、成功者に近しい思考を手に入れる**のです。

もうひとつの方法は「セルフトーク」の実践です。これは、いうなれば「自分自身と頭の中で会話すること」です。ひとつのテーマに対して自問自答を繰り返して、頭の中で自分の理想とするコンフォートゾーンを作り上げていくというものです。

「一人で会話するなんて、効果があるのか」と思われるかもしれませんが、実は**人間は1日に4万回ほど自分自身と会話をしている**という研究データがあります。

「もし、自分が成功している人だったら、この場合はどう行動するだろうか」

「この行動は、成功者として正しいのだろうか」

などと、自分自身との会話の方向性や内容をうまくコントロールすることで、コンフォートゾーンや自分のなかの常識を変えていくことができるのです。もちろん、誰にも頼らず、自分一人でやらなければならないため、それなりの気合や覚悟は必要です。

最初は、「その日に食べる食事のメニュー」から「駅まで行くときのルート」など、細かい行動ひとつひとつにセルフトークで自問自答していくとよいでしょう。「成功者ならこういう行動をとるだろう」「こういう考え方をするだろう」という常識が自然と身についてくれば、わざわざ自問自答しなくても、脳が自然と適応して、行動につながっていくはずです。

自分の行動ひとつひとつに問いかけをしなくなったころには、あなたの脳や行動はすでに成功者のものになっているはず。自分のなかの価値観の軌道を変え、思考や習慣を自分でコントロールし、あたりまえだと思うようになるまで、ぜひ挑戦してみてください。

なお、**環境を変えることと、セルフトークを実践することを同時にやると相乗効果が生まれるので、早く成果が出ます。**理想的なのは、成功者たちに囲まれつつその人たちの常識を体得し、セルフトークで自分の行動や思考に落とし込んでいくというもの。ぜひ、実践してみてください。

疑ってばかりでは、何も始まらない

誰だって本気でやろうと思えば、なりたい自分に近づくことができる。

これまでに、私は多くの人にこの言葉を投げかけ続けてきました。でも、ときどき「それは金川さんだからできたんでしょう?」「自分が金川さんのように1日100万円も稼げるようになれるとは思えない」と言われることがあります。

たしかに、普通に考えてみれば「会社を辞めて、20代で起業をして、1日100万円も稼ぐ」という話は、会社員として働いてきた人にとっては夢のような話かもしれません。

私自身、実際に起業をする前には、ノマド生活で何億円も稼ぐ起業家の本を読んでも、「本当に実現できるのか？」「この人だからできたけど、私には無理」とどこか疑ってかかっていたものの、いつまでも疑っているだけで行動に起こさないのでは何も変わりません。そこで、これまで無理だと思っていたことにも挑戦していくようになりました。

自分とはかけ離れた理想に対して、人間は誰しも恐れや疑問を抱いてしまうものです。でも、そこに足を一歩踏み入れることが、自分を変える手段となるのです。

人生の7分の5を我慢する生活は本当に幸せか？

人の幸せを決めるものは何か。

かつての私は、「収入が幸福度を決める」と考えていました。いい大学を出て、それなりにステータスがあって、高い年収をもらえる仕事についておけば、自分は幸せになれる。そう思っていたのです。

でも、実際に監査法人に就職して働いてみると、実に多忙な日々。それこそ年収は同年代に比べたらよっぽど多くもらっていたはずですが、週6日間、毎晩寝る暇もないほど働きました。

仕事自体は面白く、やりがいもあったのですが、そこで湧き上がってきたのが「これで本当に自分は幸せなのだろうか」という疑問でした。

1週間は7日間。そのうちの6日間、ずっと働き詰めの日々を送るということは、人生の7分の6の割合を「働くこと」に費やしていることになります。20代のいまはそれを受け入れているとしても、30代、40代、50代と何十年も同じ働き方を続けていけるのだろうか。

当時私の周囲にいた多くの会社員は週末を楽しみにしながら、平日の5日間を耐え忍んで働いていました。彼らを見ていると、人生の7分の5を我慢して本当に幸せなのかな……と強く感じるのですが、気がつけば自分はそれよりも働いている!

より豊かな生活を思い描き、監査法人で働き始めたというのに、いったい何をしているのだろうと思ったのです。

そんな疑問を解消するために、多くの本を読んでいたとき。**「人間が幸せになるために必要なことは人間関係だ」**という考えに出会いました。

「人間関係のなかで一番大切なのは、恋人や配偶者などのパートナー。二番目は自分の家族。三番目は友人や知人、そして仕事仲間。この3つの人間関係が満たされていれば、人間の60％の部分は満たされ、幸せになれる……」と、その本には書いてありました。

そのときに「だから多くの人は会社員勤めをしているのか」と納得しました。仮に給料が少なくて時間がなくても、アフター5には恋人や友人、家族と過ごすことができれば人は幸せになれる。だから、いま置かれている自分の環境に疑問を持たずに、なんとなく乗り切れてしまう。

私にとっても人間関係は大切です。

実際、友達や仲間は自分なりにとても大切にしているつもりです。

でも友達や仲間、パートナーに加えて、もし、自由に使えるお金と自由に使える時間があったら、もっともっと人は幸せになれるのではないでしょうか。

私が監査法人で働いていた時は、ある程度お金はあるものの、自由な時間はほぼゼロ。せっかくの休みも疲れて寝てしまうか、勉強のための時間に充てていたので、せっかくの人間関係を育《はぐく》む時間もない。

仕事に慣れてくれば時間を捻出できるのかもしれないとも考えましたが、当時の会社にいた自分の先輩や上司を見ても、みんな揃って忙しそうで「こんな人になりたい」「こういう人生を送りたい」と思えるような人は誰もいませんでした。

少なくとも自分はお金と人間関係だけでは幸せになれない。

そう気づいたときに、私は真剣に「自由な時間が欲しい」と考えるようになりました。そして、自由な時間を得るためにはどうしたらいいのかを、必死でリサーチし、行動に移してきました。

必ずしも私のように起業する必要はありません。会社員の人だとしても、より自由な時間と自由なお金を得るために、いまからできることがきっとあるはずです。

まずは、現状を見つめ直し、自分にとって本当に必要なものや本当に大切なものを、洗い出してみましょう。

第２章

実際に動けるようになるための思考

あなたが成功する前に知っておくべき「成功の条件」

「成功する」イコール「人生の勝ち組になる」。

そう捉える方が多いのですが、ただ勝ちに行くだけでは、起業して成功することはできません。**「適切な行動」を「適切な順番」で行う**必要があります。この「賢者の思考」さえ知っておけば、成功確率を格段に引き上げることができるようになるのです。

これから脱サラを考えている方、脱サラして起業しようと思っている方、副業を成功させようとしている方。この章でお話しすることの中で共感する部分があったなら、それはあなたにとって「成功の予兆」「成功の道標」になってくれることでしょう。

まずはじめに〝お金を稼ぐためのマインド〟からお伝えしていきましょう。

ビジネス本や経営者向けのセミナーでは、具体的なビジネス内容より「金持ちになるための思考」が重要視されることが多いようです。そして実際に「金持ち」と呼ばれる人たちに「成功するために大切なことって何ですか？」と質問すると、最も多いのが「メンタル面の管理」という回答です。
一般の人はメンタル面に目を向けずに「いますぐに稼ぐ方法が知りたい！」と、目に見えるものにとらわれがちです。しかし、物の考え方や捉え方などのメンタル部分が大きく結果を左右すると言われています。

では、本当に年収の高い人とそうでない人は考え方が違うのか、比較してみましょう。ここでは例として、年収３００万の人、年収１０００万の人、年収３０００万の人で比べてみたいと思います。

●年収別の稼ぎ方の違い

・年収３００万→自分の時間と体を使って稼ぐ
・年収１０００万→求められた以上の価値を提供して稼ぐ

・年収3000万→仕組みを使って稼ぐ

稼ぐ額に差を作る最も大きな要因は、「お金の稼ぎ方」なのです。

たとえば私の周囲で年収が高い人は、家事は代行サービスにお願いして、自分で家事をしないという人が多い。一方、稼ぎが少なければ、家事は自分でやるのがあたりまえ。そもそも人に頼むなどという発想自体が生まれません。

収入の高い人が家事を代行してもらうことは、自分の時間を有意義に使うため。けっして贅沢な行為ではありません。まして自分が楽をするためでもありません。

お金を稼いでいる人と、そうでない人の違いは、根本的な心構えにあると考えてよいでしょう。

そこで、主軸となるポイントをお伝えしたいと思います。

WIN-WINであることがビジネス成功の秘訣

年収3000万以上を達成するには、3つの方法しかありません。

①組織の中で高給を得る
②起業する
③投資家になる

この中でも①は非常に稀なケースだと考えていただいて構いません。企業の中で年収3000万以上を稼ぎだす人は、外資系金融企業の超エリートや歩合制の不動産や保険のトップセールスマンなど特別な人のみ。雇用されている立場では、ほとんどの人が年収3000万を超えることはできません。現状と照らし合わせてみて「自分は超エリートでもないし、特別な人間ではないな」と感じたのならば、②か③を目指すしか方法はありません。

ビジネスや投資を始めて自分にお金が入る仕組みを作ったほうが、確実に手っ取り早く年収3000万を稼ぐ可能性が広がるのです。まずはビジネスを始めてもいいし、投資とビジネスを両方行ってもいいでしょう。

そこでビジネスや投資を始めようと思った時に、根底になる考え方についてです。

「ゼロサムゲーム」（損得の総和が常にゼロになること）という言葉にもあるように、よく投資やビジネスの世界では相手からお金を奪うといった考えをしている人がいます。お金を支払った相手は損をして、お金をもらったほうは奪っている。得をしている人がいれば、必ず損している人がいる。

果たしてそうでしょうか？

率直に言うと、これこそが典型的なお金を稼げない考え方なのです。

なぜならビジネスの世界は常にＷＩＮ－ＷＩＮで成り立っており、売主も買主も価値を与え合っているからです。

たとえば私がコンビニで１００円の水を買ったとします。私は１００円という対価を支払い、喉を潤すことができて新しい価値を得ているので、奪われたわけではありません。そして私が支払ったお金により、水を販売している企業へ利益が出る。

堅い言葉で言い換えるならば、「商品やサービスなどの役務を提供した対価と現金を交換」し合っています。

つまりどんな小さな金額であれ、人はＷＩＮ－ＷＩＮだと感じるから気持ちよくお金を支払い、そして継続的にリピートするのです。どんなビジネスに取り組むにしても、ゼロサムゲームという考え方をしている人はまずはそこから考え方を改めましょう。

口動より行動

どんな分野においても必要になるのが「行動」。言葉ではなく、実際に体で示すということが大事になってきます。

私はＹｏｕＴｕｂｅにどうやったらお金を稼ぐことができるのかをテーマにした動画を多数アップしていますが、
・来月20万稼ぎます！
・毎日コメントします！
・脱サラするので今週辞表出します！

などとコメントしてくれる人が多いので「本当に実行されているのか」と気になって、その後を追ってみたことがありました。

たとえば……。

「毎日コメントしますと書いてありましたが、3週間でコメントが止まっていますけど……?」と、連絡してみると「あ、すみません!」と、こちらが申しわけなくなるほどびっくりされました。すっかり忘れていたようです。

「辞表を出しますとありましたが、もう会社を辞めたんですか?」と、尋ねると「いえ、辞表も途中まで書いたんですけど、勇気がなくて結局出せませんでした」と。

ここで私が言いたいのは「口を動かすのはもう終わりにしましょう」ということ。

よくセミナーなどでも、「成果を出せるように、必死で頑張ります!」と口癖のように言う人がいます。しかし、商売をする立場で利益を上げねばならない状況で、頑張っているというアピールは誰も必要としていません。

ビジネスにおいて求められているのは行動し結果を出すこと。それが一番の信用材料であり、自分がより豊かになるための近道です。周囲の人の信頼を得ることは必要ですが、**誰かに聞かせるために頑張るのではなく、自分のために頑張る。**それを自覚することです。
あなたはなぜ成長したいのですか？　まずは自らの内面を見つめてみましょう。自分がお金を稼いで豊かになりたいからですよね？　その目標を達成するためにも、行動あるのみ。日々、行動を積み重ねていきましょう。

結果が出ない人は「有言実行」ではなく「不言実行」に切り替えること。「有言実行」という言葉ではなく、私は「不言実行」が正しいと思っています。先ほどお話ししたように、言葉ではなく「行動」で示してください。言葉に出してコミットすることが大事だと思っている人がいるかもしれませんが、コミットしても実際に行動していない人は多いです。それだったらわざわざ言葉に出して「金川さん、半年後までにこれだけ稼ぎます！」と言うのではなく、無言で実行して結果を出してもらったほうがいい。

私のためにビジネスに取り組むのではありません。ご自身が目標達成して、「これだけ稼ぎました！」と報告してもらえるほうが私はずっと嬉しいです。

クオリティが低くてもいい
早く行動すればするほど、成功率は上がる

私は昨年、17歳のときにアルバイトしていた三重県の定食屋に行ってみました。通っていた高校から15分ほどの場所にある懐かしい定食屋。14年ぶりのその店は、私がバイトしていた頃とほとんど変わらない雰囲気でした。そして、入ってしばらくして気づきました。

「何も変わっていない……」

そう。変わっていないのは、店の雰囲気だけでなく、従業員もだったのです。店長もアルバイトも正真正銘の同一人物。久々の定食を食べながら、私の脳の中にこんな2つのイメージが浮かびました。

ひとつはこの定食屋で馴染みの従業員たちと軽口を叩き合いながら働いている31歳の自分。もうひとつは、2年間浪人して大学に行き、公認会計士試験に合格し、起業する自分。後者は、実際の自分です。

14年間同じ定食屋で働くかつての同僚だって、私と同じように何かを実行に移してさえいれば、私以上になったかもしれない——。

その「何か」とは、「行動」です。いま、この瞬間に行動を起こすのと起こさないのとでは、人生が大きく変わってくる。そして、年数が経つに連れ、その差はどんどん広がって来ます。

「やる」か「やらない」か。

どちらを選ぶかで「成功の可能性」は違ってきます。**いますぐ動けば、「成功する可能性」がどんどん高まり、何もやらなければ「成功できない可能性」がどんどん高まることになります。**決断を求められているのは一時的なことではありません。**数年後の、数十年後の自分の人生に対しての決断なのです。**

「この状況を打破して何かをしたほうがいい」のに、躊躇してそれを逃してしまう。

そしてまた月日が経ち、同じような機会が訪れても、そこで再び先延ばしにしてしまう。その繰り返しのまま、人生は進んでいく……。残念なことだと思いませんか？

もしかしたら、いまもあの定食屋の従業員だったかもしれない私は、必死になって学んで現在に至りました。日々、努力を重ねてきました。しかし、ビジネスの成功は努力の上だけに降り注ぐものではない、ということも経験を通して理解しました。ちゃんとした「目標」と方法論さえあれば、ビジネスに結果がついてくるということを、身をもって体験しました。

たとえクオリティが低くても、まずは初めの第一歩を踏み出してみること。大事なことなのでしつこく何度も言います。とにかく第一歩を歩む勇気が必要です。

迷ったときは「断捨離」を

そもそもなぜ人は悩むのでしょうか？

現状に満足していたら基本的には悩まないはずです。

人間の悩みの多くは「もっとこうだったらいいな」という理想があるのに、叶えられないからこそ発生します。つまり、現状に満足していないということです。

悩みがある方は、まずは初めの一歩を踏み出してみてください。初めの一歩が進みやすい道筋を作るのです。踏み出すのが遅ければ、変わる時期も遅くなり、当然、成功を掴む時期が遅くなる。時間は有限です。極端な言い方をすれば、明日死んでしまうかもしれないのです。たとえそうであっても悔いの残らないよう生きられるのが理想だと思いませんか?

完璧にこなせるか自信がないから、まだいまは機が熟していないから……と初めの一歩を躊躇する人がいます。しかし重要なのは質ではなくて、まずは歩くことです。初めから完璧にできる人はいないので、クオリティが低くてもまずはやってみるということを優先させてみてください。

あとは時間の使い方ですが、やらなくて良いことはしない。お金を稼げないという人は、やることが間違っているのではなくて、本来やらなくていいことをやっているように思います。

何からやればいいのかわからなくなったら、まずは「断捨離」がオススメです。

思いきって必要なもの以外は全部捨てる。実際に成功している人や、稼いでいる人の身の回りはすっきりしている。**視覚から入る情報をシンプルにすることで本来やるべきことが見えてくるのです。**

仕事の鉄則は「T（丁寧）・S（慎重に）・M（漏れなく）」

ビジネスの基本は、たった2つだけです。

それは、
①新規のお客さん集め
②獲得したお客さんの満足度を最大限にして、維持すること
成功している人たちは、このシンプルなことを、繰り返しているだけなのです。

ただ、新規のお客さん集めができても、その後、獲得したお客さんの満足度を最大限にして、維持することができず、顧客を失ってしまう人も少なくありません。そうした事態を防止するため、私自身が合言葉にしているものがあります。

それは、「T（丁寧）・S（慎重に）・M（漏れなく）」。

どんなビジネスでも、丁寧に、慎重に、そして漏れなくおこなっていれば、絶対に失敗することはありません。

これは起業家ではなく、あなたが仮に会社員であったとしても、同様です。

会社でクライアントに怒られた。上司に叱られた。何かミスをしてしまった……。

そんなときは、このTSMの何かが欠けていたのかもしれません。

逆に、仮にあなたが素晴らしいアイデアを持っていて、それを形にしたいと思っていても、このTSMの何かが欠けていることで、大失敗してしまう可能性もあります。

ごくごく基本的だからこそ、つい忘れてしまうこの3つの要素。ぜひ、ビジネスシーンで忘れないようにしてください。

人がやらないことをできるだけやる

そして、私が一番キーポイントだと感じているのは**「人がやっていないことにチャレンジする」**こと。

ズバリ、ここで差がつきます。

たとえば、自分が体脂肪率10％になりたくて、筋トレして筋肉をつけて体を絞って実際に体脂肪率を10％に落としたり、お金を貯めて欲しかった服やアクセサリーを手に入れたり、住みたいと思ったエリアに引っ越したり……と、ある程度の自分の好きなことややりたいことを選択し、理想を手にし、満足している人はけっこういます。

しかし、誰もやったことがないことにチャレンジして満足しているかとなると話は別。多くの人は「モデルのあの人のようなスタイルになりたい」「いま流行りのあの服が欲しい」「いま人気のあの地域に住みたい」など、これまでやってきた誰かの模倣をしたり、情報に踊らされたりしています。また、変わったことをするのが億劫《おっくう》になったり、人目を気にしてできなかったりします。

でも、よく考えてみてください。希少価値が高いものには、それにふさわしい値段がつくものです。

たとえばダイヤモンドはなぜあんなに高値で取引されるのでしょうか？　それは需要に対して供給が少ないからです。希少価値があるため値が上がり、それでも取引される。それが市場というもの。

人間に置き換えた時、**あなただからこその「ウリ」を考えてみてください**。あなたは何か人に負けないようなことがありますか？　もしくは誰もやったことがないことをしていますか？　もしもまだ何もないのであれば、あなただからこそ、の強みを作ってみてはいかがでしょうか。

やったことがないことに挑戦して自分の幅を広げる

とはいえ、漠然と言われても、何をしたらいいのかわからないでしょう。私が人にオススメしたり、自分で実践していることがあるのでいくつかご紹介しておきましょう。
・イチから新規のビジネスを立ち上げてみる
・投資をする
・マーケティングを学び自動でお金が入る仕組みを作る
・人生において楽しいことをする
・本を出版する
・旅に出る
などです。**できるだけ、自分が今までチャレンジしたことがない分野にトライしてみるといいと思います。**

私自身、最近マイブームなのがマジック。ネタを30個ほど仕込んで、会食の場などで披露しています。

なんでマジックなの？　と笑われてしまうかもしれませんが、今までやったことのなかった私からすると非常に興味深い分野だったのです。とはいえもちろん、マジックの道を極めようとしているわけではないのですが、追求するとなかなか奥が深く、学ぶこともたくさんありますし、同時に息抜きにもなります。

周りの人がやっていないことをより早く自分に取り入れていけば、周りのやったことがない人たちより一歩先を行く人に変われるということ。

自分には何ができるのか、何を取り入れていきたいのかを見極めることが大切なのです。

「パクる」のは悪いことじゃない

私は常々「私の言っていることは、すべてパクってもらって構いません」とみなさんに伝えています。セミナーでも塾生のみんなにもそう言っています。

「パクる」というのはとても重要なことなんです。最初からオリジナリティを出すのは難しい。特に月収100万円を達成するまでは、とにかく「パクる」というやり方が大切。**同じ「思考」を持ち、同じ「行動」をして、同じ「習慣」を身につけることができれば、同じ「結果」になります。**

最初のうちはとにかく、**成功している人のノウハウをそのままコピーすることが大事**です。自分流のアレンジを加えるのではなく、まずは言われたことをそのまま丸写しするという感覚でいいでしょう。ビジネス初心者でも参入しやすいジャンルであればあるほど、言われたことをそのままできる素直さが大切になってきます。自分流はNG。うまくいった成功例を、徹底的にマネることが第一歩です。

ここでカテゴリー別に捉え方の違いがあるので、ご紹介してみたいと思います。

①貧乏な人↓マネするのは悪いことだと思っている

②普通の人→少しだけマネる
③お金持ち→全て完璧にマネる
という違いが挙げられます。


成功していない人ほど「すでにうまくいっている人のやり方をマネするなんていけない」という頑なな考えを持っている人が多い。しかし、私からすると成功例をマネするというのはもはやあたりまえのこと。昔、メルマガを作るときに業界で有名な方に傾倒し過ぎていて、同じような文章を書いてしまい、怒られたことがあるくらいで……その件については非常に反省しています。

私のような愚かなマネはしてはいけませんが、基本的に結果が出ている人の、成功例をマネることからスタートしていくのが近道です。

失敗しながら学んでいくことも人生経験としては素晴らしいことですが、投資の世界において失敗を繰り返すということは、資金が減っていくことにも繋がります。

自分が選択してきた結果がいまであると考えた時に、もしも思うような結果が出ていないのならば修正が必要ではないでしょうか。

自分が全て間違っているとまで思わなくて良いですが、まずは自分なりの考えや、固執していたやり方を白紙にしてみることも大切。そこから視野を広げ、成功例を素直に受け入れてみてください。

ビジネスは武道と一緒！最初は型を覚えることが重要

たとえばあなたは、成功した起業家のセミナーに行きますか？

「行ったことがない」という人にどうしてかと理由を聞くと……。

「時間とお金を使って聞くほどの話なの？」

「このセミナーに行ったところで何も変わらないのでは？」

「話を聞いたからってこの人みたいになれるわけないし」

などという答えが返ってきます。とにかく損得とリスクばかりを考えてしまう。

リスクではなく、リターン。

これからはそう考えてみましょう。

講師の話を聞いて「次は自分が壇上で話せるようになろう」とか、「このセミナー料金3万円はこれから成功することで、余裕で回収できるな」とか、「家で作業してるよりここに来て話を聞いて刺激を受けたほうが絶対よかったな」と、前向きに考えられるようになる。

つまり「守破離」と一緒。「守破離」とは茶道、武道、芸術などにおける師弟関係のあり方のひとつで、師の教えや型、技を忠実に守り、そこから他の師の教えについても学ぶなど、師とは違った方法を試してみる。最後は師から離れる。という段階を踏んで成長していきます。

キレイな成功などありえない

そして、キレイに成功させることだけを望んではホンモノの成功は手に入らないと思ってください。

「会社員のまま安定した収入を得て、副業で月100万円を安定して稼げるようになったら起業します」と言う人も多いのですが、気持ちはわかります。誰だってそうできたら理想です。でもそれはキレイすぎ。もう少しリスク取ろうよ、追い込もうよと、私は言いたいんです。

私が会社員時代の2013年に住んでいたのは、48階建てで家賃12万のマンションでした。会社員としての収入が50万、副業の収入が12万の頃。副業で稼げる金額と家賃が同じだったのです。

でも私は辞表を出して引っ越しました。ある程度の蓄えはありましたが、3カ月後には家賃を払えなくなるという状況まで自ら追い込みました。リスクがあるところにこそ、リターンがあると考えたからです。人が仕事をするのは人生のうちの50年ほど。そのうちの3年程は収入ゼロでもいい。私はこれぐらいの心構え、心の強さが必要だと思っています。

浪人が決まった時はもちろん「来年こそ絶対に合格しなくては」と自分を追い込

みましたが「人生の1、2年、出遅れても、あとで追い付けばいいや」と、どこか大らかに構えている部分もありました。公認会計士試験に1回落ちた時も、5回6回も受けてスタートが遅れても、それ自体はたいしたことではない、と考えていました。

ポイントは、**人と比べた時点で負けている**ということ。

人生はレースではない。自分との戦いです。

周りの人がうまくいっているからと無意味に焦ることはありません。

そうではなく、うまくいっている人との差を見つけて改善していく。私はつまずきながら、失敗しながら、泥臭く、ここまでやってきたのです。

現状と理想の将来を紙に書き出してみる

とにかく行動、と言いましたが、まずやってもらいたいことがあります。

真っ白な紙を横にして、真ん中に縦に一本線を引きます。左側の上に「現在」、右側に「将来」と書きます。左側に現在の状況を書いていきます。誰に見せるわけでもないのですから、正直に素直に書きましょう。

たとえば、「週5日勤務、月収30万円、残業週10時間……」、というふうに。そして、右側には将来そうなって欲しい理想の勤務形態を書いていきます。具体的ではなく、願望レベルでかまいません。「好きな時に仕事、月収300万円、思い立った時に休みを取って旅行……」というように。まったく制限なしに、好きなように書いていきます。

私は、書き出してみてわかったことがありました。会社員でいる限り、私の理想の将来は実現不可能だということがです。

現状に何か不満がある人、悩みのある人は新しいことを始めたほうがいい。不平不満があまりに多いのであれば、何か行動を起こすべきサインだと思ったほうがいい。

そうなったら、何かを「絶対にやる」ほうがいいのです。悩み続けてもいいことはまったくありません。そして、何かを始めるならばなるべく早く「理想を実現している人」に聞いてみることです。

知識を定着させるための方法

仕事を進める上では、知識や情報を仕入れて勉強することが不可欠です。**情報や知識を仕入れる方法で一番いいのは、「対面」です。その次に「対話」、そして「動画」、「音声」、最後が「文章」です。**

音楽でいうと、「対面」は「生ライブ」。「対話」「動画」はDVD。「音声」はCD。そして「文章」は「歌詞」になるでしょう。生で聴くのが一番いいことがわかってもらえたでしょうか。

ビジネスでいうと、「対面」は「コンサルティング」「セミナー」「塾」。「対話」は「電話」か「Skype」「LINE」。「動画」は「YouTube」。そして「文章」は「本」または「PDF」など。

初心者の場合は、とにかく「対面」がベストです。この「対面」にもランクがあります。まず「一対一」、「一対二」、そして「一対多数」。

好きなアーティストの生ライブはもちろん素晴らしいですが、カラオケBOXで一対一で生の歌声を聴けたら最高ですよね。「次、何聴きたい？」と言われてリクエストできたり、普段聞いてみたいと思ったことをそのアーティストに直接尋ねたりできたら、夢のようです。

また、「対話」もおすすめです。電話、LINE電話、Skypeなど。会うのが物理的に難しい場合も多いので、そのときは「対話」を活用してください。

ところが実際は、もっとも伝わりにくいはずの「文章」から入る人が多いのです。わかりやすい例が英語。英語の「対面」は、外国人と直接話す、もっとも身につくやり方です。でも、ほとんどの人は教材から入るから結果が出ない。その理由は、安いし、手軽だから。結果が出なくても、たいした投資じゃなかったからとあっさりとあきらめてしまう。

はっきり言って、情報を入手する際は、お金をたくさん払って、手軽に受けられるものではないほうが、結果が出ます。「音声」「文章」は、インプットだけで終わってしまいます。

この本でもすでに述べましたが、**最高のインプットとは「人に教える」、つまりアウトプットするということ。**それが一番、頭に入る。

本を読むにしても、1回読んだらその内容を5人の人に教える、という作業をしてみる。テレビを観て面白かったら、その内容を面白く人に伝えてみる。すると、自分の中にものすごく内容が入ります。投資家ロバート・キヨサキの『金持ち父さん　貧乏父さん』という本にもありますが、人に伝えるということは人を育てられるということなのです。たとえば、1年間、1日1冊の本を読んで、365人の人に教えていたら、きっと素晴らしい仕事があなたに舞い込んできます。

会話で大事なフレーズは「たとえば」と「なぜ」

脳は意外にシンプルなもの。1年前に読んだ本って覚えていないことが多い。それはつまり、インプットしただけだと消えてしまうから。

インプットしたら、すぐに「対話」によってアウトプットする。それによって確実に脳に残るスキルになっていくのです。

私は本を読んだり、セミナーに誰かの話を聞きに行ったりするとき、自分のためではなく「人に教えるため」と考えます。私が得た情報を誰かに伝えてあげよう、教えてあげようとして聞くと、ものすごく「発信ベース」になる。それが「学び」になるのです。

さらに、ここで人に上手に話をするワンポイント・アドバイスを。

それは、**「たとえば」と「なぜ」を使うこと。**この2つを使えば、話が格段にうまくなります。話が得意でない人というのは、具体例がない。だから話が伝わらない。「私は会計事務所で働いている」。それだけではよくわからない。そこに「たとえばこういう人に会って、こういうことを依頼されて……」と仕事の例をあげたり、「なぜ、この仕事についたのか」など具体的に説明していくだけで、聞き手の興味を引く効果があります。

「あの人といると楽しいな」

という感想を、ビジネスシーンでもプライベートシーンでも人に抱いてもらうことが可能です。

メンタルの強さがお金持ちを生む

なぜお金持ちの人はお金をたくさん稼げるのだろう？

と考えた結果、見えてきたことがあります。

「自分とは違う特別な人だから」と考える人が多いのですが、そうではありません。

「人より優れた要素を何個か持っている」ということ。

お金の流れには入金と支出がありますが、支出を上回る圧倒的な入金がある。ただそれだけのことなのです。他の人よりもらう額が多いというのは、一般の人より優れているという証拠。人が実現できないことを実現し、何らかの価値を提供していることになります。

その優れた点の中で、最も大事なのがメンタル。**どんなことが起きても、人のせいではなく自分のせいにすることができて、次に活かす活力にすることができるのがお金持ちの心持ちだと、私は考えています。**

「メンタル」の大切さの話をすると「またメンタルの話？　メンタルが直接稼ぎにつながるわけじゃないでしょう？」とあまり重要視していない人が多いようです。

しかし現実にお金持ちになっている人に聞くと、ほとんど全員が「メンタルが大事」と言います。

逆に成功していない人にありがちなのは、とにかく周りのせいや他人のせいにしているということ。

たとえば……。

・人に裏切られた
・株価が下がって損をした
・会社の経営が悪化して業績が下がった

・時間がないからできない
・学歴がないので人にバカにされる
・家族が反対しているからできない
・部下がミスして自分の評価が下がった

……などと周りのせいにしてばかりで、自分に矢印を向けることができない人が多い。ましてや自分が周りのせいにしていることにすら気づいていないというケースも。私から言わせたら、人が人を裏切ることなどあたりまえ。想定内です。「あの人は私を100％裏切らない」などという保証はどこにもありません。幻想です。

会社の業績が悪くなるのも、投資していれば株価が下がることも、あたりまえ。給料が下がることもあたりまえだし、リストラだって会社を守るためには必要な手段です。

しかしビジネス上あたりまえなことを平気で人のせいにする人が実に多い。結局は、後悔しても過去はやり直せないし、映画のように他人と入れ替わることもできません。自分が明日に向かって向上していけるように気持ちを切り替えて生活するしかないのです。

これからビジネスをする上では、まずどんなことが起きても自分のせいにできるかどうかが基本的な考え方になります。成功者たちは、たとえ騙されても、失敗しても、うまくいかなくても全て自分の責任。そう思うことは彼らにとってはあたりまえであり、ごく普通の考え方なのです。

私が知っている成功者の中には「電車に乗らない」という方もいます。私が師事したK氏もそう。理由はメンタル面を大事に考えているからだそうです。電車に乗ると会社員が多く、彼らの鬱々《うつうつ》とした思考が伝染するので自分にとってマイナス効果しかもたらさないとのこと。K氏とは違う成功者の方で「風邪をもらってしまったら困る」「痴漢と間違われて冤罪になったら困る」という理由で電車に乗らないという話も聞いたことがあります。

成功者は常に自分がプラスでいられるかどうかを第一に考えています。そしていい状態をキープする工夫も大切なのです。

他人に悪口を言われても気にしない

〝出る杭は打たれる〟という言葉もありますが、何かアクションや行動を起こし、成功すると、必ずと言っていいほど妬まれ、悪口を言われ、邪魔をされたりするものです。しかし、そこで足を引っ張られずに自分の足でとにかく突き進むこと。

自分は何事も成し遂げていないくせに人の批判ばかりしている人たちが何を言ってもまったく影響力はありません。芸能人はよく叩かれますが、叩いている人に影響力なんてまったくないですから、無視するに限ります。「そんなに悪口が言いたいのなら目の前に来て言ってみろ」と言ったら尻尾を巻いて逃げて行く人ばかりでしょう。

〝金持ち喧嘩せず〟と言いますが、そもそも成功している人は人の批判をあまりしません。人の批判をしている時間があるならば、自分の将来が良くなるようなプラスの時間に使ったほうがいいという考えが根底にあるからです。つまり、それだけ自分と向き合い、有意義な時間を過ごしているということ。そしてお金持ちになるほど、自分のコンプレックスがなくなるという面白いデータも存在しているのです。

大金持ちの動機付け〝やりたくないことリスト〟

人はなぜ仕事をするのか。

それぞれの動機や目標があると思います。ここでも結果を出す人とそうでない人には、ある共通点があるのです。

- **貧乏な人→目標や夢がない**
- **普通の人→やりたいことリストがある**
- **お金持ち→やりたくないことリストがある**

というように3つの分類には、異なる特徴が見られるのです。

貧乏カテゴリーに入る人たちというのは、そもそも稼ぐ行為に意識が向いていない人が多い。つまり「現状から脱却したい」というモチベーションがなく、現状維持の欲求が強い。夢や目標がないために、自分がお金を稼いだらどんなことがしたいか？　という具体的なプランが見えていない。つまり、貪欲でないのです。

夢や目標が持てないという方にオススメしたいのは、自分が興味ないことでも見たり聞いたりすること。〝夢は知識から〟という言葉もあるように、自分が知らない世界のことは想像することができません。こんなことしたい、やってみたいという欲求は知識に比例すると言っても過言ではないからです。

「どうせ自分なんて……」とマイナスの方向に向かず、一度きりの人生だからこそ、さらなる楽しみを見出してみてはいかがでしょう。

そして次の段階の普通カテゴリーの人に関しては、逆にやりたいことが多すぎて出費も多く忙しいというのが特徴です。

年収が600万～1000万近くあると、時間もお金もある程度ゆとりができてくるのでは？　と思われがちですが、実はこのカテゴリーの人が一番忙しいという事実があります。

「あれもやりたい！　これもやりたい！」と時間もお金も費やしてしまい、忙しい毎日を送っている。そしてそのわりに金銭的に余裕がないというケースが多いのです。

やりたいことリストが多いのは非常にいいことだと思います。**でも、さらなる上のお金持ちカテゴリーの人たちはちょっと意外なリストを持っています。**

それが「やりたくないことリスト」。やりたいことリストはよく聞くと思いますが、やりたくないことにあえて目を向けるというのが意外ではないでしょうか。実は私自身も最近このリストが増えてきました。

「これは自分の人生に必要ない！」ということがどんどん増えてきたのです。たとえば私の例で言うと、本棚を断捨離しました。本をたくさん買ってきて本棚に並べてしまうと、結局読まずにたまり、気づいたら飾りになっているだけ。だったら自分が本当に読む本を1冊だけテーブルに置いて、読み終わったらしまえばいい。つまり自分に必要がないものからどんどん無くしていく消去法を取り入れることで、おのずと自分にとって最低限必要なものが見えてくるのです。

私が家に物をあまり置かないのは、シンプルさを大切にしたいから。もしもあなたがアレコレやりたいことに手を広げすぎて逆にお金も時間も余裕がなくなっているのであれば、ぜひ立ち止まり、自分にとって必要なものは何かを見つめ直してみてください。そして不要なものや、やりたくないものはどんどん省いていく。

そんなライフスタイルの断捨離が、さらなる向上をもたらしてくれるのです。

量からしか質は生まれない、量だけは誰にも負けるな

何かビジネスを始めようと思った時に、ほとんどの人は「質」から考えることが多いです。始める前にあれこれ考えてしまい、準備に時間をかけすぎたり、形から入ったりしてしまいがち。

この本でもすでにお伝えしましたが、もう一度繰り返します。**初めはクオリティ**

は低くてかまいません。質は後から付いてくるものなのです。

完璧を求めて、追求し、学者になりたいわけではありませんよね。ビジネスはお金を稼ぐことが目的です。そこで基本となることをご紹介しましょう。

●質を作る２つのポイント
①質はまず考えないこと
②早く多くやること

まずはたったこれだけです。

セミナーでも本でもいいと思ったら、クオリティを考えずにとにかく行動してみてください。失敗してもいいので、素早くたくさん実践することです。それを繰り返していくうちに、自然と「質」は生まれてきます。初めから完璧などない、そう思っていただいて大丈夫です。

料理のレシピでも同じです。初めての料理は失敗するかもしれない。でもあれこれ考えすぎて食材を取り寄せることや調理器具をそろえることや理論を学ぶことに時間をかけすぎても仕方がない。まずは作ってみること。最初は失敗するかもしれないけれど、50回同じレシピで作ってみたら一番初めに作ったものよりは遥かにおいしくできあがっているはず。

ビジネスに置き換えても、同じことがいえるのです。

とにかく3カ月死に物狂いでやれ

まずは3カ月やりましょうという言葉はビジネスではよく言われることです。私のところに来る人たちを見ていても、初めの3カ月で月収が100万円を超える人が多く出ました。

人生は一瞬では変わらないのは事実です。しかし、**一瞬で人生の「方向性」が変わることはあります。**思考《マインド》が成功したいと変わるその気持ちは一瞬で作られる。

その一瞬から3カ月間、死ぬ気で行動すると、3カ月後に成果が出てくるという訳です。簡単そうにも感じますが、その「思考が変わる人」が本当に少ない。

そして行動し始めると、ある程度、根性が必要になってきます。ビジネスに限らず、何か新しいことを始めた場合、成果が出るまでには根気がいりますよね。天才的な才能と運を持っている人以外は、コツコツ努力することが必要です。


才能を発揮するのか、根性でコツコツ進むのか。

そんな2つの選択肢を迫られます。

でも、たいていの人は後者です。才能がある人などほとんどいません。**才能は芽生えるものではなく、作るもの。**才能があると言われている人は、見えないところで努力をしている場合がほとんどです。そもそもビジネスは泥臭いものです。成功するための近道はありません。

私がビジネスに取り組む中で、とても重要視していることがあります。それは「みんなが頑張っていない時に頑張る」こと。普通の人は普通のことしかやってないから、結果も普通なのです。つまり、普通の人と差をつけたいのであれば人並み以上の勉強をすること。

勉強というと難しく聞こえるかもしれませんが、要するにみんなが遊んでいる時に、将来に向かっての自己投資に時間を使うということ。

そもそも「自分でお金を稼ぐ！」という意識の人が少ないので、そこから抜け出し、一歩を踏み出して新しいジャンルの勉強を始めることが大切。1日でも早いうちに行動に移せば、おのずと結果も出るのが早いという、実に単純な仕組みです。

実は昔、私にはコンプレックスがありました。2年浪人しているというコンプレックス。そして、親が離婚しているので片親だと就職や結婚の時に不利かもしれないというコンプレックスです。

でも、コツコツと努力を重ね、成功体験を積むことによって、お金を稼ぐことに学歴や家庭環境などは関係ないと気づきました。地道に何もないところから歩き出したおかげで、たどりつけた答えだと思っています。

もしもあなたが何かコンプレックスのせいで前に進めていないとするならば、コンプレックスとお金持ちになることは関係ない、ということをしっかり心に留めてください。自分が稼げるようになっていけば、コンプレックスなど自然と忘れてしまうと思います。まずは、自分を信じてコツコツとビジネスを作り上げて行きましょう。

「諦めずに努力する」というと、いかにもベタな表現に聞こえるかもしれませんが、やはりこれはすべてにおける基本です。

たまにコンサル生から「どうやったら早く上達しますか？」「うまく話せるコツって何ですか？」と、近道を探すような質問をされることがあります。

こんなことを言ったら身も蓋もないかもしれませんが、正直申し上げてそんな魔法のような方法はありません。私自身もコツコツと、失敗もしながら工夫してビジネスや投資に取り組んできました。

私が言えるのは、失敗して足が止まってしまうというのが、一番もったいないということです。初めから全て完璧にこなすことができないのはあたりまえで、失敗したとしてもなんどもやり直して最終的に回収していけるスタイルに持って行く

「粘り強さ」が大切だと感じています。

何かひとつを凡事徹底して稼げ

成功において大事なことは次の2つです。
①選択すること
②集中すること
ビジネスにかかわらずですが、世の中にはたくさんの選択肢があります。その中でまずは自分がどれを選択するのか？　そしてそれを決めたらとことん集中すること。やると決めたら突き通しましょう。

ある程度利益が出始めると、ビジネス資金もあるのでアレコレとやりたくなります。しかしそこで手広くやるより、ひとつのビジネスモデルを軸にして、そこに少しの工夫をプラスしたほうがさらなる利益が上がりやすいと言われています。

私の場合は、当面は出版に力を入れたい……どんどん本を出していきたいと、思っています。本業からはずれることなく、新たなアプローチをしてみるのです。

「凡事徹底」という言葉がありますがまさにその通り。これは、**誰でもできる簡単なことを、誰にでもはできないレベルで徹底的にやる**という意味です。他人よりも集中して、徹底的にやれば、結果に差が出ます。

ビジネスが軌道に乗り出したときこそ気を引き締めて、ひとつのことを凡事徹底してください。

共感しただけで、成長できなければ利益も得られない

人は承認欲求が強く、自分のことを認めてもらいたい、一緒に感情を分かちあいたいと思う生き物です。しかし、ビジネスの世界においては、周りにいるのは共感しあえる友達ばかりというのはイエローカード。

基本的に、自分の周りにいる人は類友《るいとも》でしょうから、同じような年収があり、同じようなレベルの人たちが多いはず。

年収の低い人たちが集まって「将来絶対成功したいよな！」と共感しあっても、そこからチャレンジ精神や新しい価値観は生まれません。

人脈に関しての3つの分類についてお話ししていきましょう。

●価値観
①現状維持派
②成長派
③衰退派

●お金持ちレベル
①普通
②お金持ち
③お金がない

●仲良くなるタイプ
①同じレベルの人と仲良くなる
②上の人が下の人と仲良くなる
③下の人が上の人と仲良くなる（最も難しい）

人間はたいてい同じ分類の人と仲良くなります。しかし、自分よりレベルの高い人と仲良くなるのは非常に難しい。レベルの高い人から低い人に声をかけるというパターン以外はなかなか成立しにくいと思います。

しかし、先ほど申し上げたように、同じレベルの人と共感しあってばかりいては向上していきません。自分がもっと高みを目指すならば、自分より上の人と仲良くすることが一番大切です。

そこで具体的な提案としては、仲良くなりたい人のお客さんになるということ。たとえば、尊敬できる人の塾やセミナーに入る。少なくとも自分より結果を出している方に接して、行動や思考を真似するのも効果的。自分が尊敬している人のレベルに近づくことができれば、仲良くなる機会も訪れるはずです。

統計学で物事を考える視点を持つ

ビジネスは結局、数字。数字を分析できるスキルはとても重要です。

時代が変わって稼げなくなった時に、じゃあどんな人が稼いでいるのかということを分析する力です。世の中全体を見渡して、いまはこういう仕事が世間で受け入れられていて、その仕事をやっている人にはこんなスキルがあって、これぐらい稼いでいるのだと、見極める力が大切になってきます。

たとえばみなさんが就職活動中の大学生だとしたら、どこの会社に入れば給料が高いのか考えるでしょう。大企業に入社できれば安泰ですが、希望の会社に入れる人ばかりではないでしょう。

必要なのは数字的に分析できる力を養っておくこと。これから伸びる業種を見極

める力が大切。そのためには日ごろから数字に触れ、ビジネスの数字について考えられるようにしておきましょう。

20代の平均年収は370万円から380万円。30代、40代となっても平均年収は450万円。でも公認会計士試験に合格すると、年収は600万円。私はそれを知って、公認会計士を目指しました。

普通の会社員が20年働いてようやく年収450万円になるのに、2年か3年真剣に勉強して公認会計士になれば、年収600万円になる。さらにパブリックスピーキングという技法をマスターしたことでセミナーの依頼が相次ぎ、1億円稼げるようになりました。パブリックスピーキングの勉強をするのにかかった金額が50万円。それだけ出費してもマスターすべきだと考え、私は自分の将来に投資したのです。

儲けなければみんなが困ると考えろ

声高にお金の話をすることをはしたない、金の亡者のように見られたくはない、時おり、そういう考えの人がいます。控えめであることがよしとされてきた我が国の風潮でもあるのでしょう。

しかし、私がお金を稼ぐことをアピールするのをやめてしまったらどうでしょう。もしも私が稼げなくなって、動画配信も電子書籍もメールもFacebookも全て辞めたら、無料で購読するのを楽しみにしていた方々を失望させるでしょう。みんなお金を稼ぎたいからこそ、私が発信する情報を求めているのです。

私は**「お金を稼ぐ＝みんなの為でもある」**と考えています。お金を稼ごうとすると周りからの批判を受けることは、身をもってよくわかっています。芸能人や起業家なども、お金を稼げば稼ぐほど批判を浴びる機会が増えるでしょう。

でも、そこでブレーキをかけるのは間違っています。批判する人は基本的に負け惜しみや嫉妬がほとんど。そのような人たちに耳を傾ける時間は不必要。とにかく自分は稼ぐ能力を高めて儲けないといけないと使命感を持つことが大事になってきます。

会社が存続しなければ、従業員の給料を支払うこともできなければ株主に配当を渡すこともできません。儲けたお金で、さらに事業投資や自己投資をすることでさらに利益を上げるための工夫をしましょう。

私はお金持ちになれる人をもっともっと増やしたいと思っています。そのためにも私がまず儲けを出すことが最重要だと考えています。

成功とは批判に耐え嫉妬に耐え、あらゆる犠牲を乗り越えた者だけが手に入れるもの。人の批判を浴びることを恐れずに自分を信じて努力していけば、自ずと道は開けるのです。

第３章

すべての行動を「時給」でとらえる思考

人生に必要な4つの時間

大金持ちも、そうでない人も、1日に与えられた時間は24時間。1年は365日。その時間をどう使うかによって、人生は大きく変わっていきます。

けれど、普通の会社員には時間がないのが現実。以前、コンサル生から「金川さん、副業したいのはやまやまなんですが、私は会社員で平日は帰宅するのが夜の10時なんです。土日は、運動して体を動かさないと気が済まないんです」と、真剣な顔で言われたことがあります。

彼がわかっていなかったのは「時間の使い方」。あなたがいつも何気なく時間を使っているとしたら、以下の4つの時間の違いを意識することをオススメします。

4つの時間とは

①最低限の時間

最低限必要なこと、やらざるを得ないこと

寝る、食べる、働く、家事育児など。食事、睡眠、入浴、歯を磨くなど、人間として生きるために最低限やらなければならないこと。「今ビジネスに追われているから5日間歯を磨いていません」とか「3日間ご飯食べてません」とか言う人はまずいないでしょう。

会社員の人は週5日勤務しなくてはならない。この時間も①にカテゴライズされる必要な時間と考えてよいでしょう。

②目標達成のための時間
いまの自分を変えるためにやるべきこと

勉強、副業、起業、ビジネス、今後の人生の計画を立てるなど。生死にかかわる問題ではありませんが、あなたがよりよい人生を送るためにぜひとも設けたい時間です。

皆さんの目標は何ですか？

六本木ヒルズに住みたい、フェラーリに乗りたい、ハワイに別荘が欲しい、シンガポールやドバイに移住したい、セミリタイアしたい、不労所得だけで生活したい、世界中を旅行したい……。

これら、将来的に自分が目標としていることにつながる時間は、なるべくたくさんとりたいもの。短期的な目標でもいいですし、長期的に見た行動でもいいですが、現状維持ではないように少しずつ前に進むことが大切。

よく「ゴールからの逆算」という言葉がありますが、まさにその通り。目標としているものがあるならば、それに向かって時間を使うことが必要なのです。

目標は、夢ではありません。

夢を見ているだけでなく、実際に計画して行動していくことが時間配分では必須になってきます。この本を読んでいる時点で、あなたは何かにチャレンジしたいと思っていると思います。

そこで自分が掲げる目標に向かって、できることをリストにするなどして、できることから始めていきましょう。きっと毎日の生活がレベルアップすると思います。

③人生を楽しむための時間（月収100万円を超えたら）

単純に楽しむこと、やりたいこと……海外旅行に行く、おいしいものを食べる、おいしい酒を飲む、好きな音楽を聴く、ドライブに行く、ディズニーランドに行くなど。


収入をあげれば人生を楽しめるのかといったらそうではありません。旅行に行ったり、プライベートを充実させたりすることも大切なことでしょう。収入ばかりに目がいくと、プライベートをないがしろにしてしまうのも事実。しかし注意点としては、ある程度稼げるまでは人生を楽しむ時間は作らないということです。

ある程度というのは、月に100万円を目安に考えてみてください。ちょっと高いハードルでしょうか。でも私はそう思ってやっていました。毎月100万円以上の収入が安定して入ってくるようになったら、仕事を徐々に減らしていく。

そして、頑張って稼げるようになった自分へご褒美を与えるように人生を楽しんでください。

④やらなくていいことをする時間
1日の中で無駄に過ごしている時間……だらだらとスマホやテレビを見る、ゲームをする、2ちゃんねるに書き込むなど。


多くの人は、結果が出ていないにもかかわらず、③人生を楽しむ時間と④やらなくていいことをやりすぎています。正しい時間の使い方として、まだ結果が出ていない間は、とにかく①最低限の行動と②目標達成の行動に時間を使うことを意識しましょう。

私の例でいえば、18歳から23歳の遊び盛りの頃に、朝6時に起きて夜中の3時までひたすら勉強をしていました。一番楽しい時期だったというのに、成人式にも行かず、花火大会やクリスマスなどのイベントも自分とは遠い世界の話のようでした。まだ結果が出ていないのに遊んでいては、目標達成は難しいと考えていたからです。

ソファに寝転がってバラエティ番組をだらだら見たり、しょっちゅう女子会をしてスイーツを食べに行ったり、はたまた、SNSのタイムラインをひたすら眺めて友だちの動向を追っていたりしたら、こんなに時間が経ってしまった！　などという経験がありませんか？

その行動を省いたら、何か困ることがありますか？　そう尋ねられたら、答えはノー。だったらそういった無駄な時間の使い方はもうやめましょう。そう考えると、やらなくていいことややっても意味がないことって非常に多い。

「金川さん、そんなにストイックじゃ人生楽しめないですよ」と呆れられることもありますが、いま頑張って、後から楽しめばいいのです。そんなことより、まずは自分の目標達成のためにたくさんエネルギーを使うことを心がけてほしいと思います。

そのうえで②をある程度達成したら、③の「楽しむ」時間を増やす。多くの人にとっては③の時間が一番楽しいはず。旅に出たいなら好きなだけ行けばいいし、ぼーっとしているのが好きだったらぼーっとしていればいい。映画が好きなら映画を思う存分観てもいい。

それに比べて②はそもそも苦痛を伴うことが多い行動です。お金と時間と努力が必要になってくるし、年収を上げるためにはこの②に多くの時間を割かなければなりません。

でも、いったん②をやって、ある程度の満足を得てから③を増やすとさらに収入は上がるし、視野も広がります。仕事ばかりするよりも、おいしいものを食べて、こんな料理があるのかと経験することで「一流」を知る。素晴らしい舞台や芸術作品を観るのもそう。好きなだけ寝たりボーっとしたりして頭をオフにすることだって、それがモチベーションとなってビジネスにも身が入る、そういう好循環が生まれてくるのです。

あなたがいま②に必死になっているとしたら、それは③を得るため。そしてある程度軌道に乗れば③が手に入る。そう思うと頑張れませんか？

目標を達成するためのモチベーションは人それぞれですが、私のオススメは「親孝行」。

「いまのままだと親に一生、仕送りできないいまま死んでしまう」

「これでは何も恩返しができない」

そう思ったら仕送りをすること。「親の喜ぶ顔」が、ビジネスや副業を始める動機になることもあるのではないでしょうか。

記憶のひきだしをたくさん作って面白みのある人間になる

人間は、人生の記憶を「出来事ベースで思い出す」と言われています。

尊敬している人に会った、ミシュラン掲載の店で食事をした、欲しかった車を手に入れた、歯列矯正をした、本を出した、行きたかった国に旅行に行った……。こういった記憶が思い浮かばない人は楽しい人生を送れていないと私は思います。仕事ばかりしていると、人生を楽しむということが少なくなってしまいます。

おいしいものを食べたり、映画を観たり、たまには休んで旅行に行ったり。たとえばフグを食べるためだけの旅行をしてみるなど一味違う旅行をすると、記憶に残り、人と話をするときの「ネタ」にもなります。

仕事をするにしても、ルーティーンワークだけでなく、新しいことをしたり、会社を作ったり、セミナーに行ったり。

ルーティーンワークばかりしている人と話をしても、あまり面白くありません。人から面白い人だと思われないと、ビジネスもあまりうまくいかないと思います。そこには、「面白い人間関係」も存在しないからです。

楽しい時間を過ごすこと、自分にとって刺激のある時間を過ごすこと、いつもと違う世界を体験してみることが、大切になってくるのです。

「お金を稼ぐ」ということの3つのパターン

あなたにとって〝お金を稼ぐ〟とは、どんなイメージでしょう?

人によってお金を稼ぐというイメージは、金額も捉え方も大きく違います。まず大きく世の中を見た時に、3パターンの分類があります。ここではわかりやすく「貧乏・普通・金持ち」に振り分けてみたいと思います。

年収から見た3つの分類
①貧乏→年収300万以下
②普通→年収300万〜1000万
③お金持ち→1000万以上
異論があるでしょうが、あくまでも〝お金を稼ぐ〟という観点から見て便宜上分類したものです。けっして「年収＝人間性」だと捉えているわけではありません。

さて、今のあなたはどこのカテゴリーに属していますか？　そしてなぜあなたはそのカテゴリーにいるのでしょうか。私は、同じカテゴリーに属する人たちには、考え方や行動の共通点があることに気づきました。そこでカテゴリーごとに見た、お金を稼ぐということのイメージを分析してみました。

①貧乏
年収が300万前後の人に多い稼ぎ方の特徴として挙げられるのが、「安い時給

×時間」という方程式。自分の時給が固定しているという考え方で止まっているため「お金を稼ぐためにはその分たくさん時間を使って働く」という思考を持っています。

②普通

次の、年収300万〜1000万くらい稼ぐ人になると、少し意識が異なってきます。会社に勤めている場合はある程度高い給料で働いている層ですし、自分の価値提供と引き換えに対価を得るようになります。

③お金持ち

そして最後にお金持ちの人。他のカテゴリーとは大きく異なる捉え方をしているのが**「時間が最大の価値」**だということです。時間数のかけ算をしてお金を計算しているのではなく、時間の価値を理解しています。つまり費用対効果の意識が非常に強く、自分が稼働している時間がいくらになっているのかが最大のポイント。

天井が決まった時給をかけ算式で積み重ねていくのではなく、自分の価値を高めることに注力することで短い時間でも大きな収入を得ることができるのです。

月に100時間働くかわりに月収100万を得ている人もいれば、1日1時間働いて「時給100万」を実現する人など個人の価値観はバラバラ。しかし共通して言えるのは、決められた時給枠の中で仕事をするのではなく、自分の価値を高めているかという部分が分かれ道になっているということです。

この3つのカテゴリーを比較してみたときの決定的な違い、それは①に所属する多くの人が、自分の価値に気づいていないということ。〝安い時給で働くのがあたりまえ〟だと思い込んでいませんか？
②に属していたとしても、会社で決められた給料が自分の限界だと思っていませんか？
自分の可能性を決めるのは、自分自身であり他人ではありません。「貧乏」や「普通」というカテゴリーから「お金持ち」へのステップに移るためには、自分の

価値に気づくことがスタートであり、そして自分の可能性を認めてあげることが近道です。

まずは自分が時給いくらの人間なのかを考えてみましょう。自分の「強み」を身につけて価値を上げることにシフトチェンジしてみてください。

最初は自分のスキルを身につけるというところから始まります。そして自分で月利をどんどんあげることができるようになったら、それを人に任せてしまうということも視野に入れることが可能です。

私の知人では自分がしていた作業を全て他人に任せている人がいます。指示を出したり、連絡のやり取りをするのですら外注しています。その人にとっては大きな利益をあげることよりも「時間があること」「自由であること」が重要だからです。

100時間働いて月収100万円ではなく、50時間働いて70万の利益を得るほうが時給は高い。そういう考え方です。

技術やスキルを身につけて、最終的にどんなスタイルでお金を稼いでいくのかはあなた次第。いずれにしても、選択肢の幅を広げるためには自分の価値に気づくかどうかなのです。

時間をＤＳＲ——断捨離することでビジネスは成功する

無駄な時間を過ごすのやめましょうとか、人生を楽しむ時間は稼いでからにしましょうとか言うと、必ずといっていいほど「金川さん、誘惑が多すぎて自分を制御することができないんです」と言われます。

たしかに、世の中は誘惑だらけ。ＳＮＳやゲームに夢中になるなど、時間を無駄にしているな、と気づくこともあるでしょう。これを断ち切る必殺技、つまり「断捨離」というテクニックが必要です。

まず押さえておきたいのが断捨離というのは、物を捨てることを指すだけではありません。

友人や知人に「飲みに行こう」と誘われた時に、時間とお金に余裕があれば、ほとんどの人は「行こう行こう」と誘いに乗るでしょう。

そこで「断捨離」です。自分の目標達成に関係のない予定に関しては、断る勇気が必要なのです。とりあえず誘われたから行ったけど、たいしておいしいお酒でもなかったし、話も面白くなかったし、別に行かなくてもよかったなあ……とならないように私がオススメする方法は「事前にスケジュールを入れておく」ということ。

月100万円を稼ぎたいと目標を掲げている人に、「仕事が終わった後の19時以降は時間ありますか？」と質問すると、ほとんどの人が「空いています」と答えます。それではまだ自覚が足りません。

私が18歳の頃は、突然の誘いメールが来ても「予定がある」と答えていました。「何の予定？」と聞かれたら、「家で勉強する」というのが私の予定。「そんなの別にいいじゃん」「つきあい悪いな」と言われたりもしましたが、私にとっては、自分の目標達成のために必要な大事な予定のひとつだと捉えていました。

ほとんどの人が勘違いしているのは、「人と会うこと＝予定」だと思っていること。これは大きく間違っていて、自分にとって大切な時間であるならば、それもれっきとした予定。会社員ではなく経営者は、どういったスケジュールを組むかも自分次第。あらかじめスケジュールを埋めておくということが大切になってきます。

自分の時給を常に意識する

1時間のうち、自分はいくら稼いでいるのか？

考えたことがないという人は、この機会に考えてみてください。

時給思考。これはとても大切なことです。

月給ではなく時給で物事を考えてみると、無駄な時間をそぎ落とすことができます。いかに月給が高くても、働きすぎていては意味がない。どれだけ効率的に自由な時間を増やして、時給を上げていけるかが勝負になってきます。

「Time is money ではなくて「Time is life。時間は「命」。時間があるから結果が出るのです。お金が稼げるようになれば時間ができるわけじゃなくて、いかに時間を作ることができるか？

そのためには、1カ月を1カ月とか30日と考えるのではなく、720時間と考えてみてください。そのうち、１日のうち睡眠を8時間とっていたら、１日は16時間、１カ月は４８０時間しかありません。

「自分の時給はいくらなのか」と常に考えて動くことです。会社員で月に20日働いて月収が20万円の場合、１日１万円。１日7時間働いていたら時給は約１４００円です。１時間ボーッとして終わってしまったら、マイナス１４００円なのです。その１時間を使えば本もいくらでも読める。休息が必要なら、ただボーっとするのではなく、意識して頭をオフにする。そうすればリフレッシュできて、何か新しい閃《ひらめ》きが生まれるかもしれません。時間の大切さを意識するためにも、常に時給で考えてみてください。

睡眠、食事、風呂の時間は短縮することができる

「自分が持っている時間を１００%だとすると、最低限の行動、目標達成までの時

間など、それぞれに何%ずつ配分するのが理想的ですか？」という質問を受けることがあります。

円グラフを作って具体的に何%なのかとは考えたことはありませんが、まず必要なのが生活面でやらざるを得ないこと。「睡眠」「食事」「風呂」などです。私は本当に忙しい時は、睡眠時間は4時間半でした。それより短いと、仕事中に眠くなるので逆効果。レム睡眠とノンレム睡眠の関係で1時間半刻みがいいと言われていますが、私の場合の4時間半というのは理に適《かな》っているようです。

たとえば8時間睡眠をとる人は、4時間半の私と起きている時間が3時間半違う。この3時間半はかなりもったいないと思うので、忙しい時のオススメの睡眠時間は4時間半です。

減らせる時間は、まず食事の時間。居酒屋へ行ってダラダラ注文してお酒を飲むことをしない。二次会に行かない。私の場合、常に定食屋で済ませていました。富士そば、大戸屋など、安くてすぐ出てくるところが多かったです。

朝は煮卵を食べてタンパク質を摂るといいと聞いたので、セブン‐イレブンで煮卵をまとめ買い。1日に2個食べていました。咀嚼する時間を入れて、2分で済みます。笑い話のようですが、このようにして、食事に割く時間を減らしていたのです。

通常は、朝食に30分、昼、友人や知人とランチに行って1時間、そして夜は2時間とか3時間飲んでしまう……結果4時間半も食事の時間に費やしてしまう。余裕があるときはこれでいいのですが、忙しいときは一人で素早く食事をするように心掛ける。

入浴も同様です。時間を無駄にしないという意識が大事なのです。

あと、大きいのは通勤時間。忙しくなってから引っ越しを計画するというのは不可能ですから、時間に余裕があるときになるべく会社の近くに引っ越しておくことをオススメします。

「お金と住む場所」は完全に相関性があります。住む場所が変われば付き合う人間も変わるし、目に入ってくる情報も違います。

お金持ちの発想は、たとえば1時間30分を通勤時間に使うなら都心に住んで時間を短縮し、効率的に働いたほうがいいのではないかとなります。出勤しなくてもいいように自分でカタチを作る。


そのほかにも、私が実践している時間節約法は多々あります。

まず、仕事の重要アイテムであるパソコンは、徹底的に整えるべく、半年に1回は買い替えます。なぜ半年に1回かというと、そのくらいの頻度であれば、動作が遅くなることはまずないというのが第一。そして、まだ型落ち品になっていないので、下取りに出したときに高値で売れるため、購入コストを抑えられるからです。

買い物は基本クレジットカードで、現金はほとんど持ち歩きません。それはコンビニやスーパーでも同じこと。すべての買い物をカードで購入すれば、自分がどのくらいのお金を何に使ったのかが、明細書を見ればすぐにわかります。また、ポイントもつくのでお得です。

あと、最大のメリットがいちいち「お金がないから」と言ってATMを探す必要がないということ。1回百数十円の時間外手数料だって、年間で考えてみれば数千円から1万円前後の出費になっているわけです。クレジットカードに統一してしまえば、ATMを探す手間や財布のなかの残高を気にせずにすみ、時間的にはもちろん、精神的にも金銭的にも無駄が少なくなります。

買い物をするときには、店舗ではなく、ネット通販などで済ませてしまうことも多いです。たとえば、毎日コンビニに5分間行くだけで、1カ月で約150分の時間がかかっている。その時間を勉強や会食など効率的なことに使ってもいいのではないでしょうか。

洋服屋や飲食店などに行く際も、選択に迷うのは時間の無駄。洋服やレストランのメニューなども、自分のなかで独自のルールを事前に作っておいて、即断即決できるように心がけています。


そうやって余った時間は、全て「目標達成のために使う」のです。「そんな慌ただしい生活嫌だよ」「もっとゆったり食事の時間を楽しみたいよ」という方は、週に1回金曜日だけゆっくり飲む日にする、「3」の日はお肉を食べる日にする、月に2回マッサージに行ってリラックスする……など、自分の中にルールを設定するといいと思います。

ほとんどの人が、だらだらしたい、ぼんやりしたい、怠けたいという気持ちになることがあると思います。私だってそう。ストイックになりきれない人への処方箋があればぜひもらいに行きたいです。

私が強調したいのは、メリハリが大事だということ。だらだらしたいときは全力でだらだらする。ぼーっとしたかったら全力でぼーっとする。怠けたいけど頑張らなきゃみたいな、中途半端な状態がよくない。

「ストイックになりきれない自分にアドバイスを」と求められることがありますが、私はこう言いたい。

「ストイックにならなくてはいけないときにストイックになればいい。怠けたいときはストイックにならなくていい」

人を批判する時間とエネルギーほど無駄なものはない

ある朝起きてスマートフォンをチェックすると、LINEに私を批判するようなメッセージが届いていました。

寝起きに気分は良くありませんでしたが「ああ、またいつものことか」とスルー。

批判に対していちいち腹を立てたり、「もしかして自分は悪く思われているのかな？」「あの発言がまずかったのかな」などとへこんだり気にしたりしていたらキリがないし、時間がもったいない。

それから、たまにこんなメールもきます。

「絶対に金川さんを追い越してみせます」

「金川さんの意見に対して私はこう思うので、議論させてください」

など、やたらと勝負をしたがったり議論をしたがったりする。はっきり言っておきますが、感情的になる人はうまくいきません。他人の批判や評論をする時間は、お互いに不必要な時間です。稼げて自由になるために必要なのは感情的になることではありません。目標に向かって改善する努力をすること。雑念に耳を傾けずに、少しずつ学びを実践することが大切なのです。


また、自分のプライドが高すぎて自己流でやりたいという人も成功への道が遠くなるケースが多い。私はただこれまでの経験を、みなさんにお伝えしているだけです。それなのに「金川さんの言う通りにはしたくない」「私のやり方も聞いてください」と、挑発的な意見を突きつけてくる方がいます。

そういったプライドは意味がないし、一度冷静になってみたほうがいいと思います。何度も言いますが、時間は有限です。私の言う通りにしたくないのなら私のセミナーを聞いたり、ブログを読んだりする時間は無駄。その時間を、自己成長につながるための時間にあてましょう。

お金持ちは自分のために、自分がよりよくなるために時間を使います。自分に対してマイナスに感じることや、足を引っ張ることに気を取られていても前に進めないと知っているからです。自分の足を引っ張ろうとする人に時間を使うなら、自分が向上するようなステップアップする時間を持つこと。

人をマイナスに引きずり込むようなメッセージをわざわざ送る人は、物理的にも精神的にも豊かではありません。相手にする必要はないのです。まずはこのことを意識してメンタルを健全な状態に保ってください。


時間の使い方でいうと、私のセミナーで一生懸命メモを取る人がいますが、ビジネスの世界において「暗記」は特に必要ないと思います。私が話している内容は、テストや入学試験に出るわけではありません。

一生懸命メモを取ってくださるのはもちろん嬉しいのですが、私は生徒たちに対して知識を覚えてもらいたくて話しているのではありません。自分のビジネスに役に立つように、知識として落とし込むことが重要なのです。メモを取ると、それで安心してしまい、意外に読み返さないものなのです。

別の章でも書きましたが、インプットした大切な情報はアウトプットできるようにすること。私の話した内容を、あなたがそっくりそのまま他の人に伝えられるようになるまで、自分の中にとりこむこと。

いつまでも受け身の立場でいる……つまり、消費者の立場から抜けられないとずっと稼ぐことができません。

私の情報を吸収することから始めるのは正しいステップですが、最終的にはあなたが私のような立場にならなくてはいけません。セミナーに出席する時間も、本を読む時間も、それは後に自分自身がビジネスを提供する立場になったときのために投資する時間なのですから。

私がやっている時間捻出法

ワークライフバランス。仕事と生活の調和。これがしっかりと取れている人が非常に少ないです。日本で働いていると、上司がまだ仕事をしているのに自分だけ「お先に失礼します」と帰るのは、けっこう気まずい。

でも私は会社員時代、9時半から17時半が定時だったので、仕事上の閑散期には17時半ピッタリに毎日帰っていました（とはいえ、繁忙期には終電ギリギリの生活でしたが）。上司が残業していようと、気にせずに帰っていました。これはすごくやってよかったことだと思っています。

17時28分くらいにパソコンをシャットダウンして帰り支度をし、30分ピッタリになったら大きな声で「お疲れ様です」と言って、堂々と帰っていく。

それでもたまに「おまえ、仕事終わったのか？」と、引き止められました。

そうした場合は、どうしたかって？

「明日の準備も終わってます」と、にっこり笑って答えました。それでも「じゃあ俺の仕事を手伝え」と言ってくる手ごわい上司には「習い事があります」「勉強会に参加してきます」と答えて、帰っていました。

「そんなこと言ったって、私は金川さんのようにはできません」

そう言う人もいるでしょう。でも本当にそうですか？　できないというのは自分の思い込みではありませんか？

人に合わせていたら人の人生に振り回されてしまいます。こんなことを言っては申し訳ありませんが、あなたの上司は、人生を振り回されてもいいと思えるほど価値のある人ですか？

会社員時代、私は死に物狂いで「朝活」と「夜活」をしていました。朝にカフェに行ったり、朝、電車のなかでひたすら本を読み漁《あさ》ったりしていました。常に3冊くらいの本を持ち歩き、1冊10分の勢いで、ひたすら乱読するのです。4カ月間で、400冊のビジネス書を読んだこともあります。ビジネスについて知識ゼロから始めたので、ひたすら読みました。

1冊10分ですから「読んだ」というよりは「見た」というほうが近いでしょうか。とにかく次のページをめくりまくっていました。隣の席に座った人はきっと「こいつやたらめくるなあ」「変な奴がいるなあ」と思っていたのではないでしょうか。

めくってめくって、めくりまくる。事務所を借りていたので、帰りは家に帰らず事務所でひたすら続きを読む（事務所を借りたことも、会社員時代にやってよかったことのひとつです)。

そしてセミナーにも行きまくり、何十万円ものコンサル料を払っていました。でもあれはいわゆる自己投資。いまにつながったのですから、無駄ではなかったと思っています。

第4章

一流の人から学ぶという思考

いま行動を起こせないのは、「人間関係の質」のせい

あなたがいま、自分の人生にそこまで不安を感じていないなら、無理に行動する必要はありません。しかし、「このままでは嫌だ」と思っているのに行動を起こせていないでいるのなら、これからも我慢する人生を送らなければいけません。我慢するか、チャレンジするか。どちらがいいかは、言わなくてもわかると思います。

あなたが「嫌だ」と思っているのなら、その理由のひとつとして考えられるのは、あなたの周りにいる人が悪い……つまり「人間関係の質が悪い」ということ。もし周りの人が何か成果を出し続けている状態であれば、あなた自身も成果を出し続けることができるでしょう。

冷静になって周りを見渡してみましょう。結果を出していない人が周りにたくさんいるのなら、その環境は、あなたが本当に得たい結果の障害になっています。周りにいる、自分と同じように結果を出していない人たちを見渡して「自分もこれでいいや」と思っているせいでモチベーションが上がらない可能性が高いと思います。

私が伝えたいのは、もしあなたの**理想と現実があまりにかけ離れているのであれば、「環境を変える必要がある」**ということ。とはいえ、明日からいきなり全てを変えろと言っているわけではありません。まずは自分の周りを見渡して、自分が何を目指しているかを知り、それから行動を起こせばいい。焦らなくても大丈夫です。**今日が、これまでの自分の最後の日であり、今日が、気づきを得た最初の日**なのです。

人間関係を2種類作る

自分で自分を変えるには「鉄の意志」が必要です。でも無理に「鉄の意志」を持とうとせず、人に変えてもらうのも「あり」。

人間は「長く時間を過ごしている人」から最も影響を受けやすい生き物です。つまり、いつも一緒に遊んだり働いたりしている人の影響を受けやすいということです。たとえばタバコを止められない人は、仲の良い友人や家族が喫煙者である可能性が高い。

つまり**年収を上げたかったら、年収の高い人たちと付き合うのが最も効率のいい方法**です。でも、すぐにいまの友人知人を「切る」必要はありません。自分のいまいる環境、つまり**「現実」と「新世界」の2パターンの人間関係をつくればいいの**です。

たとえば、いまあなたが年収500万円だとしたら、それが「現実」。でも年収5000万円を稼ぎたいと思っているなら、年収5000万円を稼いでいる人たちと交流を持つのが「新世界」。

おそらく「新世界」はあなたにとって肩身が狭く、居心地が悪いでしょう。でも、徐々にそこに適応する自分になれるよう、精進してください。そして**「現実」を「切ったほうがいい」と思える自分になったときに、人間関係を断捨離すればいい**のです。

新世界に飛び込むとブレイクスルーが起こる

ある日、私のメールボックスに「弟子募集」という件名のメッセージが届いていました。ある有名な方のメルマガで、その人はすでに億の単位を稼いでいる人でした。１カ月で最高３０００万も稼いだことがあると書いてあって「これはもう教えを乞うしかない」と、すぐさま面接に申し込むことにしました。

そして面接当日。

「いったいどんな〝スーパーサイヤ人〟が登場するんだろう？」と胸をバクバクさせながらザ・リッツ・カールトン東京の一室に通されると、小綺麗なサラリーマン風の人物が出迎えてくれました。「ああ、この人がかの有名なサイヤ人か（あくまでも私の中だけでです）」と思って小一時間お話を聞くと、本をいっぱい読んだとか、毎日仕事ばかりしているとか、そこまで驚くような超人的なことはしていないとわかりました。正直言えば会社員時代の上司のほうが能力的には優れていたように感じたくらいです。

でもこれは、私にとっては非常に貴重な体験でした。**「もしかすると、すごいと**

思っていた人たちも意外と普通なのかも？」と思えたのです。この新しい発見がブレイクスルーとなり、行動力が自然と高まっていきました。

これを読んでいる方たちにもオススメするのが、なるべく早めに**「自分よりステージが上だと思う人に会いに行く」**ということ。「殿上人《てんじょうびと》だと思っていた人が、本当は身近な存在だった」と感じる瞬間があなたにも訪れるかもしれません。そう思えたら、もう成功は目の前。まさに「出会いはチャンス！」なのです。

人脈作りよりも孤独に耐えることがお金持ちへの近道

良質な人脈はビジネスの成功においてもちろん必要なもの。でも、知り合いが多ければ多い方がいいというわけではありません。人脈に関しては本当に限られたもので良いと思います。

お金持ちは孤独な人が多い。これは非常に理にかなっています。なぜなら給与所得で年収1000万以上の人は全人口の4％。100人中4人なので、「類は友を呼ぶ理論」で言えば、100人の中で仲良くなれるのは4人なので話が合わなくて当然ですよね。人より多く稼いでいるという人は、一般の人とは時間の使い方もお金の使い方も価値観も、すべてが大きく違います。ということは、気の合う人も限られてくるので、友だちも少ない。

人脈に頼るのではなく、自分の力でお客さんを集めることができる人が結果的にお金を生みます。**周りと共感しあって仲良しごっこを続けていても、お金持ちにはなれません**。

お金持ちは我が強く、自分のやりたいことを優先して生きています。いわゆる「クセ」も「アク」も強い人です。会社経営でうまくいっている人は、一般人からすると「ちょっとおかしいんじゃないの？」と思うような、過剰で突き抜けた部分がたくさんあるので敵が多くてあたりまえ。彼らは一度しかない人生を思いっきり楽しみたいと考え、自分の人生の道を自分で切り拓いていっているのです。

ビジネスで成功すると食事や飲み会に誘われる機会も増えますが、彼らはただ楽しむだけに出席するわけではありません。**ビジネスの情報交換の場なので「投資」と捉えています**。短い時間の中で良質な人脈を見極めています。

本当はそのパーティに出席したくないのに、嫌われないためにつまらなそうな顔でとりあえず参加している……そういう人は通用しません。自分に必要がないと判断したときは「いや今日は仕事があるので、申し訳ない」と帰るくらいのほうがいい。

誰にでも好かれようとか、誰にも嫌われないようにとか、そういうことではなく、本当に自分を出し切る。私は「好き」「嫌い」をはっきりさせて、嫌われるくらいでいいと思っています。それで嫌われるのなら、そこまでの人間関係。その人は自分にとってもともとそんなに大切な人じゃないのです。

大切な人というのは、ほんの一握り。恋人・パートナー、家族、親友3人、知り合い30人、仕事上での知り合い300人でいい。それ以上はいりません。「とにかく人脈が欲しい！」みたいな人はあまりうまくいかない。それよりも切って、切って、切りまくるほうがいい。

私も中途半端な関係の人と食事をしたり飲んだりする時間があるのなら、恋人や仲のいい友人と会うほうがいいと考えています。本当は嫌いなのにビジネス上つきあわないとならない。そういうときもあるでしょう。でも私は嫌な人とはつきあわなくてもいい。よけいなストレスは抱え込みたくない。

そしてお金持ちの人は、お金の話をすることに躊躇《ちゅうちょ》しません。私は先日新しいビジネスの打ち合わせをしてきましたが、「どこにお金を使ったら回収できるか？」「費用対効果がいいか？」などずっと話し合っていました。自分のビジネスを育てることに興味や関心があるのでごく自然なことなのです。

とはいえ、お金ばかりに固執《こしつ》して人間関係は重視しないのかといったらそうではありません。新しいビジネスを持ちかけられた時に、お金持ちはビジネスの中身より「人」で判断することが多い。たとえば全く新しい不動産投資を持ちかけられた時、お金持ちは「新しいビジネスを始めるということは、つまり経験したことがないわけだからうまくいくかどうかわからない。だったらその人が信用できるかできないかでやるかやらないか決めよう」と考える。「この人が言うから、この人の話にのってみよう」と割り切ってやっていく。

もちろん、ただ無茶をするという意味ではなく、彼らには経験があり、目が肥えているからでもあるのですが。お金持ちにはお金持ち特有の、研ぎ澄まされた感覚があり、特有の人づきあいが存在するのです。

人と会うことが最大の情報収集

「学ぶ方法」は、文章で学ぶ＜音声で学ぶ＜動画で学ぶ＜対話で学ぶ＜対面で学ぶ、この5つがあります。＜の記号をつけたように、対面が一番学べると考えています。

「メラビアンの法則」によれば、**人物の第一印象は3〜5秒で決まり、視覚情報から55％を得て、聴覚情報からが38％、言語情報が7％**と言われています。

つまり対面し、顔がわかり、身振り手振りなども見られたら55％の情報が入る。さらに声とか声の大きさとか、トーンが強調されているとさらに38％も情報が入る。

それが文章だけだと7％。つまり、本や資料だけではたったの7％しか伝わらないのです。

では100％の情報を伝えるにはどうしたらいいのでしょう。顔や体形、服装などの外見はもちろん、仕草もボディーランゲージも伝わって、声の大きさとかトーンとか抑揚も伝わって、さらに内容が見られたら、100％伝わったことになります。

セミナーで私の姿を見てスピーチを聞いてもらうだけだと93％。さらに資料を見てもらい7％の言語情報をとりいれてもらえれば100％伝えることができるのです。


じゃあ、どの人から学ぶか？

ポイントは3つあります。

①実績がある

お金持ちになりたいのなら、まずその人がお金持ちかどうか。

じゃあ知り得る限り一番のお金持ちの人から学べばいいかというと、そういうわけではありません。たとえば、孫正義さんの話を聞きに行きましょう、といってもちょっと自分と遠すぎます。

身近で実績のある人をまず見つけましょう。

②周囲の人も評価が高い

その人はもちろんですが、その人に関わっている人はちゃんと結果が出ているのか。そのあたりをきちんとリサーチします。

③「接点」を作ることができる

その人の本を読めるのか、動画を見られるのか、直接会いに行けるのか、話せるのか。


この3つの条件を満たす人から学ぶ。

前述したように会いに行ければいいのですが、それが不可能な場合は、ネットを活用する。いまはYouTubeで動画を配信したり、Podcastで音声を配信じている起業家が多い。本を読むだけだと7％。文章だけの情報から飛び越えて、聴覚情報、視覚情報を得たいものです。

セミナーより、むしろ懇親会が大事

私はセミナーに出席した場合は一番前の席に陣取ります。質問できるチャンスがあればもちろんします。でも一番大事なのは懇親会。

セミナーは大勢に向けて話しているので、実際のところ本音でなかったり、オブラートに包んで話したりしてしまいがち。なので、懇親会は本音を聞くチャンス。私は隣に座って裏話を聞かせてもらったりしています。セミナーはすっ飛ばして懇親会にだけ出席したこともありました。ほかの参加者はセミナーで話を聞き疲れてぐったりしているのですが、私は「ここからが勝負！」。

実際に「なんで、君はそんなに元気なのですか？」と驚かれたことがあります。そのときは笑顔で「体力があるんです」と答えました。間違っても「セミナーには出ていないのです」とは言えません。

会いに行くと、本を読んだだけのときの何倍も学べます。つまり、セミナーに足を運んでいる人は自然と結果が出ているということです。

たとえば営業力やトークの本を読んだとしても、文章だけでは「この人本当に話がうまいな」とは伝わってきません。でも、実際その人が目の前で話しているのを見れば「この人の声のトーン引き込まれるな」「話すときの表情はこんな感じなんだな」「なるほどこうやって話せばいいのか」と、実感できるのです。だからできるだけ、会いに行ってみる、そして機会があるのなら勇気を持って話しかけてみてください。

情報の価値を知る

成功例をマネるという視点で見てみると、低収入の方ほど情報に対する意識が低く、わざわざお金を払ってまでセミナーを受ける必要があるのかと考えがち。お金は払いたくない、無料で何かを得たいという人が多いのです。

低収入の方の多くは「雇用者」である場合がほとんど。雇用されていることが悪いことなのではなく、**雇われているとマインドを変えることが難しい**ように感じます。結果を出すことができる人の多くは独立志向が芽生えており、投資と回収の意識が強い。たとえば飲食店で働いていた場合、出勤すれば仕事をする内容が決まっており、それをこなすのに汲々とするでしょう。

しかし、もしあなたが飲食店の経営者だったら、行動はどう変わるでしょうか？　ライバル店がどんな味付けにしているのか、メニューはどんなものがいいのか、店内のデザインはどうしたらお客様が喜んでくれるのかなど、通常の仕事内容から一歩進んだ考え方ができるようになると思います。

ワンランク上のマインドになると、情報に対する意識が格段にアップします。本を買ったりセミナーに参加したりと、お金をかけて情報を得る行動に移ります。自らが経営者となり飲食店を出すとなったら資金も必要。**人は真剣に学ぼうとするとき、投資と回収の意識が必ず働いています**。それが資金の場合もあれば、時間を投資と考える人も。

どちらにせよ自分が生きている時間は有限であり、ただの浪費では何も残らないと気づいているかどうかが重要なのです。

成功者は常に学びの姿勢を忘れない

ここでもう一歩成功に近づくためのポイントをお話ししましょう。それは、お金を払っている側にもかかわらず、学ばせていただいてありがとうございますという感謝の気持ちを抱けるかどうか。

対価を支払う代わりに情報を得させてもらおうというWIN-WINタイプの人は、けっこう多い。しかし、さらに向上する人は違います。お金を払っているにもかかわらず、情報提供者よりむしろ自分のほうがへりくだるのです。

「こんな情報教えてもらっていいのですか？　ありがとうございます」という姿勢です。

お金を払ってお礼が言える人は意外と少ない。ビジネスや投資の世界とは少し話題がズレるかもしれませんが、何事にも感謝の気持ちを持つことが自己成長の糸口。日頃の生活の中でいまの自分の周りにあるものを思い出してみてください。「やってもらってあたりまえ」になっていませんか？　人は近すぎると感謝を忘れることがあります。些細《ささい》なことでも「ありがとう」という気持ちを持つことで、慢心することなく突き進んでいけるのです。

会社に勤めている人は先輩社員が教えてくれる仕事のノウハウや、失敗した時にフォローしてくれる環境が初めから備わっています。時には、口うるさい上司や思うようにならない状況にイライラしてしまうこともあるかもしれませんが、同じ目標や境遇に置かれている人間関係の存在は、あたりまえのことのようであたりまえではありません。

わからない時に聞ける相手や、間違った時にフォローしてくれる人は、自営業者になったらなかなかいません。会社を辞めて起業しようと考えていたとしても、会社の周りにいる人たちにも感謝すべきなのです。

起業を決意し、セミナーを聞く場合も同じこと。「お金を払っているんだから教えてもらってあたりまえじゃないか」と傲慢になるのではなく、常に感謝の気持ちを持つ。そこが人間としての評価の分かれ道でもあります。

仕事と恋愛、どっちが大事？

若いうちは恋愛に時間を取られてしまうこともあるでしょう。「私と仕事とどっちが大事なの？」と言われたことがある人も多いのではないでしょうか。

基本的な考え方として「どっちが大事か？」と考えてはいけません。両方大事なのです。この質問はあまりにも幼稚。「お父さんとお母さんどっちが大事？」と聞いているようなものです。

男（に限ったことではありませんが）は働かなくてはいけない。

「私と仕事とどちらが大事？」と聞くけれど「じゃあ仕事をしない男と結婚できるの？」と聞き返したら、相手も言葉が出てこないでしょう。

結婚してからも同じこと。仕事と家庭、どちらが大事かと言われたら、どちらも大事。「どっちも同じぐらい大事」と言い切って、それで納得してくれる人とつきあうしかありません。

私は男から仕事を取ったら存在価値はなくなると思っています。「仕事より君が大事だよ」と恋人を選んだとしたら、そのときは満足してくれるかもしれませんが、すぐに恋人にフラれてしまうでしょう。「君のほうが大事だよ」と仕事を辞めたり、仕事をいいかげんに放りだす男に魅力があるわけがありません。

この本を読んでくれているということは、あなたはこれからお金持ちになりたいと考えている。だとしたら仕事が優先なはず。

「仕事とキミ、どちらも大事だけれど、いまは必死で仕事をしたい。ワンランク上の生活を目指したい。成功したい」。あなたの恋人が、そのことをわかってくれる器の大きい女性であることを祈るばかりです。

恋愛にハマると仕事はうまくいかない

女性に反感を買うことを覚悟で言いますが、経営者タイプの男性は、誕生日、記念日、イベント……そういうものにあまりこだわらないと思います。

たいていの女性は記念日が好きですよね。でも「あ、私、そういうの別にどうでもいいよ」というタイプのほうが、経営者のパートナーとしては向いていると思います。

経営者タイプの男性は、仕事で大事なことが起きたら、たとえ恋人の誕生日でも仕事を優先する。なので、キャピキャピした恋愛ではなくて、落ち着いた恋愛ができる女性がいい。「1日に1回LINEして」とか「1週間に一度は会って」などと連絡する頻度や会う頻度は決めないこと。

あまりに恋愛優先タイプの女性だと「きみにはもっと一生懸命打ち込むことはないの?」と、相手からの評価も下がってしまうかもしれません。

経営者というのは一人一人が戦うポケモンだと考えるといいかもしれません。モンスターなのですから「普通は恋愛したらこうでしょ?」という一般論は通じません。

経営者との交際で悩みが生じたときに普通の友達に相談しても、一般的な答えしか返ってこないから意味がない。悩みが生じても、恋人と自分を信じてドーンとしていられる人であってほしい。一人でしっかり生きていける強さが欲しい。

「男性は守ってあげたくなるような女性が好きなんじゃないの?」と疑問に思うかもしれませんが、私はすごく太いサボテンタイプの女性がいいです。

第5章

お金ときちんと向かい合う思考

なぜ成功者はマインドセットがしっかりしているのか

本を読んだりセミナーを受けたりして、副業ビジネスについて知識は身につけたとしても、実際にやったことはないというのは、最初は誰でもそうです。ただ知っているだけの状態から「行動する」「できる」状態にするには、越えなければならない壁があります。その壁を突破するために大切なのがモチベーション。行動し続けるモチベーションがあるかどうかで明暗が分かれます。

このモチベーションを維持するのが「マインドセット」の働き。**成功するには成功するだけの「稼げるマインドセット」**があり、成功者はみんなこの「稼げるマインドセット」がしっかりしています。裏を返せば、行動の源であるマインドセットがしっかりしていなければ、成功することができないのです。

では、すでに稼いでいる人は全員、稼げるマインドセットを持つという観念があるのかというと、そうではありません。成功している人たちには、自然と身についいているのです。呼吸をするのと同じように、ごく自然に、無意識に近いレベルで、もともとその能力を持ち合わせています。仕事に関することだけではなく、生活のすべてにおいて、そのマインドセットに従って行動しているのです。

「成功者は一般人とは感覚が違う」とか「常識からはずれている」と、超人（変人？）扱いされることもありますが、それは「型破りの問題児」ということではなくて、「〝普通〟だと捉える水準が一般の人と異なっている」と表現する方が近いと思います。

ビジネスに対しても、日常生活に対しても、なにもかも「成功者の思考」に基づいた行動になっているのですから、一般の常識などとは違いが生まれます。わかりやすく言えば、海外セレブの感覚と、一般の人の感覚が同じではないようにです。

一般的には、1泊6000円くらいのビジネスホテルに泊まって、特別ふかふかでもないベッドに寝るのが〝普通〟だと思います。でも海外セレブにとっては、超一流ホテルのスイートルームに泊まって、ふかふかのキングサイズのベッドで寝るのが〝普通〟です。そんな生活を何日も続けることができるのがセレブです。

マインドセットからくる日常的な認識の差は、ここまでとは言いませんが、はっきりと行動に表れることは事実です。稼げる人、成功している人というのは、こうしたマインドセットを自然に持っているから、一般とは違う結果を生み出すことができる。「成功者はマインドセットがしっかりしている」のではなく「マインドセットがしっかりしているから成功者になった。さらに、成功者で居続けている」のです。

金持ちに共通する5つの特徴

稼げる人、成功している人には、どんな共通点があるのでしょう。私の周りのお金持ちを分析してみたところ、5つの特徴が見えてきました。

①余裕がある

つい最近、成功している人たちが集まる会がありました。有名な飲食店のチェーン店を展開している方など、錚々《そうそう》たるメンバーです。その中の一人の先輩が約束の時間になっても現れない。しばらくすると「すみません！　車の中で寝ちゃってました！」と連絡があり、遅れて参加することに。「私を待たせるなんて失礼な！」「遅刻するなんて自己管理がなっていない！」などと怒る人は一人もいません。みんな笑っていました。

そのときに私は「お金持ちってどこか余裕があるなあ」と感じました。時間に遅れてきた先輩も、その場で待っていた人たちもどこか余裕がある。不思議な感覚でした。

②コミュニケーション能力が高い

対人関係でスムーズなコミュニケーションが取れるのは上に立つ人の基本中の基本。それだけではなく、成功する人は、難しい内容でも簡単にわかりやすく人に説明できるという「会話力」を持ち合わせています。「こんな話もわからないのか？」

と偉ぶるのではなく、自分が伝えたいことを簡単に噛み砕いて相手に理解してもらうのが非常にうまい。

お金を稼ぐことと少し視点がずれているのではと思われがちですが、ビジネスはたくさんの人と関わって進めていくもの。お金持ちになるために会話力やコミュニケーション能力を上げる練習をするのは、ビジネスがうまくいくための必須項目です。

③おしゃれである

成功者の集まりに行っていつも思うことは、腕時計やアクセサリーにお金をかけている人が多いということ。ロレックスとかフランク ミュラー、私は人とは違うものが好きなのでハリー・ウィンストン、ウブロ、EYEFUNNY などをつけています。

靴はどうだろう？　と周りの成功者を思い浮かべると、むしろ時計より重要視しているような気がします。私も靴は大好きなので、かなりこだわっています。

仕事ができる人かどうかは靴を見て判断するとも言われていますが、それは女性目線なような気もします。男性の場合はやはり腕時計。良質で高級な時計を身につけることにステータスを感じているようです。

④嫉妬、痛みに慣れていている

人は平均的なものを「普通」と判断する傾向にありますが、お金持ちの人たちが行う行動や思考は当然ながら「普通からは外れている」と考えてよいでしょう。先に何度か申し上げたように、お金持ちが他人に妬まれることはあたりまえ。彼らは周りのネガティブな嫉妬にいちいち憂えたりしません。ネガティブな感情に対しての「防御力」と表現したほうがよいでしょうか。

私も「ドライブしました！」「鉄板焼き食べにいきました！」などの何気ない日常をSNSにアップすると、「お金持ち自慢ですか？」という批判的なメッセージが来ることがあります。

しかし私たちからすると、それらは日常の光景です。普通の方だって、ドライブに行ったり、おいしいものを食べたりして、よくSNSにアップしますよね？　それとまったく同じ感覚です。

攻撃コメントはいわゆる「嫉妬」がほとんど。成功者の多くはそういった嫉妬や批判されることに慣れています。

⑤お金に対して執着心がない

意外かもしれませんが、「お金を持っている人＝お金に執着心がある」わけではありません。一般的なイメージでは「ケチだからお金が貯まったんだ」「あの人はお金のことしか考えていない」などと思われがちですが、意外とこだわっていない。お金持ちはお金があることに慣れているので、クールに捉えている人が多いと思います。

もちろん、お金に無頓着だったらお金は貯まりません。お金と非常に冷静に接しているのです。買い物をする際にも値段を見て、高いか安いかを吟味《ぎんみ》してから買うというより、欲しいという気持ちを大事にしていると思います。金額で判断するのではなく「お金を出すだけの価値があるかないか」を見極めて賢く判断しているのです。お金をツールや道具だと捉えて、冷静につきあっているのです。

年収1000万円なのに生活が厳しくなるわけ

一般的に年収が1000万の人はお金持ちだというイメージがあります。でも実は、年収1000万の人はお金持ちどころか生活が厳しいのです。

1000万は中流の生活をする上で、少し余裕が出てくるという象徴的な金額。年収400万〜500万の人に比べて、富裕層への憧れが強いので、過剰な消費に走りやすいというのです。

年収1000万の夫を持つ妻は、自分が裕福だと勘違いしやすい。子どもはお受験させて私立に入学させよう、ウォーターサーバーを置こう、旅行では五つ星のホテルに泊まってミシュランに載った店で食事……など過剰消費に意識が向いてしまうというのです。

年収が高くても支出バランスが悪いのであれば、残高は同じ。世間から一歩抜けたポジションになるには、やはり年収3000万円以上必要だと思います。年収3000万以上になると、お金に悩まなくなり、心が安定してきます。私は起業して1年目で3000万以上の稼ぎがあったため、気持ちに余裕がありました。

私は「目先の金額」で判断している人にお金持ちはいないと感じます。仲間うちで「おいしいご飯食べに行こうよ！」「5万円のフレンチはどう？」と、話題が出る時があります。そこで「え、5万円って高くないですか？」と金額で判断する人は、基本的にお金持ちの発想ではありません。

人によって価値観はバラバラなので、一概には言えませんが、年収3000万を超えてくると目先の金額で判断するということ自体が本当に減ってきます。みんなで楽しい時間を共有したいから行く。仲間との会食に5万円は、私たちの感覚では普通です。

しかし個人的に思うのは、年収や資産もある一定を超えてしまったら、後はお金の使い道は自由です。自分の好きなことに使ってもいいいし、さらなるビジネスや投資に回してもいい。結局辿《たど》りついた答えは、**年収3000万以上になると、あらゆるメンタルブロックが外れる**ということです。

お金持ちはケチだけど、ケチじゃない

あなたはお金持ちがどんなお金の使い方をしていると想像しますか？
お金持ちのイメージというと、一般の人が10万円使う感覚が、彼らにとっては1万円ぐらいの感覚で使えるのでは？　とか、いくら使ったかなんていちいち覚えていないのでは？　とかいうものかもしれません。そこで何名かにお金持ちはお金に対してどう思っていると思うか、アンケートを実施してみました。

《アンケート結果》
・好き勝手使ってそう

・意外とケチそう
・お金に対してシビア
・無駄なお金は使わなそう
・使うときと使わない時が激しい
など、様々な角度からの回答が得られました。

私の周りのお金持ちには、たしかにケチが多い。でもそれは一般的な意味のケチではありません。お金持ちには独特のお金の使い方やルールが存在しています。使いたくないところには全然使わない。一方で使うところにはガンガン使う。つまり、無駄遣いはしない。

お金持ちは自分がどこにお金を使ったら自分が良くなるのか、逆に、どこに使ったらダメになるのかというお金に対しての判断基準が明確なのです。

お金持ちの贅沢な様子を見て「見栄っ張りだ」という意見がありますが、実はそこには彼らなりの理由が存在しています。先日テレビを見ていたら、あるアイドルグループの一員が「私はアイドルとして夢を売る仕事でもあるので、宿泊するにも一流のホテルに泊まるなどして、感性を磨いてエネルギーを貯めている」と言っていました。

つまり単なる無駄遣いや贅沢三昧《ぜいたくざんまい》ということではなく、お金持ちのお金の使い方には必ず「理由」が存在するということ。普通の人からすると、高級な車や贅沢な食事、旅行三昧などに対してお金の無駄遣いと考えがちですが、お金持ちの人は彼らなりの理由と使う意味がある。

たとえば食事代もそう。お金持ちは自分が会計を持ちたがります。彼らにとっての食事代は「自己投資」の一環。会食を通して充実した良い時間を過ごし、次の新しい縁へつなげることが目的なのです。

お金持ちはお金の使い方にルールがある

私はもともと住むところにお金をかけるタイプです。会社員時代に住んでいたのは48階建てのマンションの22階で、窓からは東京タワーと東京スカイツリーが見え、とくに夜景の美しさといったらうっとりするほどでした。

その前に住んでいたところは、間取りは1Kで狭かったのですが、場所は西新宿。地下にサウナがあって、ジムもありました。大浴場もあるので、遊びに来た友だちも喜んでくれました。

いい家に住むと、ここから抜け出したくない、レベルを下げたくないと切実に思うもの。

収入アップを目指す人は、思いきってタワーマンションに住んでみるのもいいかもしれません。

「そんなところに住むのはまだ早いのでは?」

などと批判もされますが、住み心地のいい家に住んだり、いい車に乗ったり、おいしいご飯を食べたりすると、この生活を維持したい、もっと頑張ろうと、モチベーションが高まります。

会社員時代は食事代などの生活費を節約して、残ったお金は全部自己投資に回していました。私の場合は本を買いまくり、セミナーや研修に行きまくりました。**収入の最低20％は自己投資に使うといい**と思います。

お金に関しては**「使えば使うだけ稼げる」**。私はそう思っています。**貯蓄というのは最悪な投資効率の悪いお金の使い方**。だっていまの時代、ただ貯金しているだけでは利息はつきませんから。

一番投資効率の高いのは自己投資。私はパブリックスピーキングを50万円くらいかけて学びましたが、投資した50万円が信じられないくらいの金額に化けて戻ってきています。私は自分の成長のために投資するタイプなので、成長につながらない貯蓄には興味がありません。

お金は稼ぎ方も大事ですが、稼いだ後は「どこに使うか」が重要。そのあたりもきちんと視野に入れて稼ぐ。それがけっこう大事だと考えています。

ビジネスで稼いだお金を投資に回す

投資といえば、自己投資以外に株式投資、ＦＸ、ブックメーカー投資、不動産投資などでお金を増やしている人もいます。でもそれにはまず資金が必要。現段階でそこに使えるお金がないという方は、まずビジネスを始めることがオススメです。

まずは、自分で何かしらの利益を出してみる。その利益を元手にさらに投資に回して、雪だるま式に増やしていきましょう。投資に資金を使って失敗し、マイナスになることもあると思いますが、「費用対効果」の問題なので、総合的に見て利益が上回っているのであればＯＫです。

そして、ビジネスを始めたことがない多くの人に共通しているのが、「お金は貰うもの」と認識しているということです。お金は貰うものや与えられるものではありません。長くサラリーマンや主婦をしている人に共通している点として、自分で稼ぐという意識が非常に薄い。誰かに使われる立場から使う立場になるということは、0から1にする能力が必要。お金を与えてもらうことを待つのではなく、自ら能動的にお金を生み出し「稼ぐ」という意識に切り替えましょう。

支出を気にするより収入を上げることを考える

突然ですが、貯金が多い人はどんな人だと思いますか？

世の中には貯金が増える人もいれば変わらない人、減っていく人、さらには借金を抱える人もいます。お金がどんどん自分の口座に貯まっていくという人の特徴を見ていくと、あるシンプルな法則があります。

それが**「収入－支出＝貯蓄」**という、非常に単純な計算式。

収入に対して支出が少なければ少ないほど、貯蓄額は上がります。ということは、節約上手だとお金は貯まるのでしょうか。

しかし日々の生活費を節約して支出を下げたとしても微々たるもの。たとえば東京に住んでいて月20万の給料をもらっている人が、一生懸命支出を減らそうと節約してもお金はたまりません。これから貯金を増やしたいと思った時には、「節約する」ではなく「収入を増やす」という考え方にシフトしていかなくてはいけません。

さきほど私の会社員時代の話をしました。初任給の年収で600万円。毎月10万円、貯金していました。1年で120万円。ということは、単純に計算すると3年で360万円、10年で1200万円。

いいように思うかもしれませんが、私が理想としている人生は、会計士をして毎月10万円貯蓄して通帳の残高を増やす……という人生ではありませんでした。もちろん、価値観はそれぞれなので人によると思いますが、私は違いました。

ずっと買い手側にいても、お金は貯まりません。

「レバレッジ」は「レバー」が語源です。レバー＝テコを使って、実際持つ力の何倍もの力を発揮する――**実際持っている資金の何倍もの力で取引を行うこと**です。
つまり、皆さんがこれから何をしないといけないのかというと、収入を上げるために売り手に回らなければいけません。あなたもいち早く提供できる立場に、シフトチェンジしていきましょう。

試行錯誤を繰り返して年収3000万円の扉を開ける

「雇われている立場ではダメなのか……」

「じゃあ資金をどうしよう？」

「投資？　ビジネス？　どちらも全くの未経験だし、何から手をつけていいかわからない」

など、いろんな不安と希望で混乱しているかもしれません。そんなあなたの背中を押すとしたら、何度もお伝えしていますが、まずはどんなクオリティでもいいからやってみるということです。だんだん歳をとると、初めてトライすることに対して恥ずかしいと思うものです。

しかし、ともかく回数をこなし、経験を積むことで質は自然と向上するもの。**「給料は貰うのではなく自分で稼ぐもの」**という意識が少しでも芽生えたならば、初めの一歩を踏み出してみましょう。


実際に動きだしてからも、壁はたくさん出てくると思います。そこでの分かれ道は、やり続けられる人と、途中で諦める人。さらに言えば反省して改善できる人と、失敗したままやり続ける人。

「コツコツと努力し諦めない人」とは、何かうまくいかないことがあった時に、人のせいではなく責任の所在の矢印を自分に向けて正しく改善できる人のことを指します。何事も近道や魔法はないのですから。

第6章

会社の名刺に頼らないという思考

自分は何に興味があるのかをはっきりさせる

あなたは、自分が何に興味があり、何に向いているか自覚しているでしょうか。
お金持ちになるためには、ビジネスで成功する、投資で成功するなどの道があると思いますが、どちらに向いているかは、あなたがどういうタイプかによります。

ビジネスに向いている人
・自分が前に出て人を巻き込む力が強い
・アクティブで社交的
・コミュニケーション能力が高い
・人と関わるのが好き

ビジネスを成功させるには集客能力と、人前で話す能力が必要です。さらには人を巻き込む力、人を惹きつける力も重要です。これらがないと大きい売り上げを作ることはできません。

インドアで内向的な人よりも、幼いころから目立ちたがり屋で注目を集めるタイプ……そう、学級委員や生徒会役員をやっていたとか、部活のキャプテンをしていたとかいうタイプの人。「できれば芸能人になりたかったなぁ」と夢見ていたぐらいの、表に出ることをしたい、注目されたい、という人はぴったりです。

まず大切なのは、自分はそうなりたいかという気持ちです。何より気持ちがあれば、人を巻き込んでいくこともできるようになります。

投資に向いている人
・インドア派であり、研究者気質
・人と関わるのが苦手
・一人でコツコツと続けることが得意

一方で、投資に向いている人は正反対のタイプです。人を集める必要も、人前で話す必要もありません。集客する必要も、営業する必要も、商品を作る必要もありません。つまり人と接するのが苦手なインドア派で、内向的なタイプでもＯＫ。「誰にも言わずにひっそりと稼ぎたい」「人と関わらずに自由に暮らしたい」と思っている人が向いていると思います。

会社勤めをしながらやる場合も、上司からの指示をコツコツこなすタイプの方が投資に向いています。そして、ＦＸ投資などではなく、長期にわたり、地道に投資するほうがいいでしょう。最初はあまり稼げなくても、数年後には月１００万円以上を稼ぐようになった友人を何人も知っています。

年収６００万円以上ある方は、労働型のビジネスやＦＸをやるよりも、不動産投資で本業と同じくらいの家賃収入を目標にしていくのがいいかと思います。

現在、会社員だという方は、ぜひ不動産投資にチャレンジしてほしい。会社員のメリットは銀行からの融資を受けられるということ。私は会社員時代に不動産投資をしておくべきだったと後悔しています。

脱サラ前の戦略、私が実際に行動したこと

私自身が考える、最大のお金を稼ぐ方法は「ビジネス」を興すことです。

そこで、脱サラする前の私の戦略をご紹介します。

2012年の11月、無料ブログの広告収入で、まず2万円を稼ぎました。その収益の中から1万6800円の商品を買って、1日2、3時間かけてブログを更新したところ、また広告収入で2万円を稼ぐことができました。そこで、お金稼ぎの方法を人に教えていこうと考えたのです。

2013年の1月から2月にかけて、今度は「教える練習」を始めました。すると、「YouTubeでお金を稼ぐ方法を無料で公開していたら教えてください」と連絡がくるようになりました。そのうち、「お金を払うので教えてください」と言われるようになりました。そこで「3回までは無料で教える」というルールを設けて4回目以降は有料で教えていると、次第に稼ぎも増えていきました。

会計監査の仕事も忙しかったのですが、副業で1日3時間ぐらい活動するだけで

本業と同じぐらいの収入を得られるようになりました。ということは、時給に換算すると副業のほうがはるかに稼げるということ。

「このまま副業を真剣にやればさらに稼げるんじゃないか？」

と考えて、同年1月に有限責任監査法人トーマツを辞めることを決心し、3月に退社しました。


会社を辞めるということは安定収入がなくなるわけですから、正直なところかなり怖かったです。でも私は、将来が見えないことの不安よりも、現状維持のほうが耐えられませんでした。そこで私は自分を追い込むために港区の高級タワーマンションに引っ越すことにしました。そしてタワーマンション入居の書類審査を通した後に、会社を辞めたのです。

そして会社を辞めた3月中に、10万円の商品を考案しました。3カ月のプログラムで、『ブログSEOで広告収入を稼ぐ方法』、『SNSでアクセスを集めて広告収入を稼ぐ方法』、『自己アフィリエイト』、『人前で話すスキルをマスターしよう』という内容の商品です。

集客の方法は3パターンあります。自分で集客するか、人に集客してもらうか、すでに見込客が集まっているところに出向くか。そのときの私は「すでに見込客が集まっているところに出向く」という方法を選びました。

先人の知恵に学べ

いま、何をしたらいいのか。この本を読み終えたらすぐに動くことです。とりあえずこの本で伝えていることを見切り発車でいいから、ひとつでもいいから、バンバン量をこなしていく。で、失敗する。壁にぶち当たった時に反省して改善する。そうやって前に進んでいくしかありません。

大学時代、私は安定した収入を得るために、公認会計士を目指しました。一番楽しいはずの大学生時代に朝6時から深夜まで勉強をやり続けること3年半。それでようやく試験に合格できました。

でもいま思うと、話すスキルを上げるための勉強をするとか、インターネットのマーケティングを学ぶとか、文章を書くスキルを上げるとか、そういうことを3年半勉強した方がよかったのではないか、と。

そのとき、超お金持ちの知り合いに「私は将来的に億を稼ぎたいんですが、公認会計士試験を目指したほうがいいですか？」と聞いたら、おそらく「やめたほうがいい」と言われたことでしょう。

私のところにも「公認会計士を目指したいです」と相談しに来る人がいますが、全力で「やめたほうがいいよ」と止めています。「稼ぎたいのなら、やめたほうがいい」と。いますぐに稼ぎたいのなら、会社を辞めるのが一番正しい。なぜなら時間ができるから。

「本当に稼ぎたいんだったら一番時間を奪われている会社員を辞めるのが一番いい」

私の知人の成功者たちもみんなそう言います。

とはいえ「会社員を辞めなさい」と言われても、ほとんどの人は辞めない。

「わかりました」とパッと辞められる人は、それだけ覚悟と意志の強い人。そういう人がうまくいくのです。

ビジネスは「毎日がチャンス！」

試験は一度きりですが、ビジネスは毎日するものです。売れなかったらすぐに改善策を取れます。「毎日がチャンス！」なのです。

うまくいかない問題点はなんでしょう。

人に会う回数が少ないのかもしれないし、話し方が効果的ではないのかもしれません。もしかすると外見に清潔感が足りないのかもしれません。原因がわかったら、またチャレンジすればいいんです。毎日チャンスが訪れますから、いつかは売れます。

悩みを解決するために取る行動は、すべて自己成長に繋がります。もっと知識を増やしたい、英語を話せるようになりたい、文章を書けるようになりたい……そういったことをみんな克服していったら、あなた自身がとても成長できます。

どんなビジネスを始めるかについては、基本的には好きなこと、やりたいことをやればいい。いま持っているスキルを使ってもいいし、稼ぎやすいものを選んでもいい。答えはないのです。とりあえずその道の成功者に聞いて、入念にリサーチしてから始めることをオススメします。

ここでポイントになるのは、相手が興味をもっているもので、みんなが詳しくないものを見抜くこと。たとえば、いつの時代にも不動産取引は需要があります。顧客は高額な不動産を売買するのですから、自分なりにある程度勉強をし、知識をつけています。その顧客よりも幅広い知識と高いスキルを持っている人がいたら、とても信頼され、重宝《ちょうほう》されるでしょう。

それに対して、ホワイトボードのマーカーにはそこまで知識を必要としません。100円ショップで手軽に買えるものです。あなたがホワイトボードのマーカーに並々ならぬ知識があっても、需要はありません。

つまり、あなたのやりたいことが多くの人に求められていない場合は、多くの人が求めていることを先にやって、それから本当にやりたいことを始めるのも、結果が出やすい方法と言えます。

起業に対する基準を下げる

さて、受験勉強はどうして難しいのでしょうか。それは「みんな勉強しているから」です。公認会計士試験の場合も、ライバルはみんな公認会計士試験の勉強をしている人ばかりなので、差はつきにくい。でもビジネスの場合は、お客さんは知識があるわけではありません。そう考えると、お客さんに商品を購入していただくのは、受験勉強に比べると難易度はかなり低いと思いませんか。

ビジネス、起業、という言葉を聞くと何やら大袈裟《おおげさ》な話に思えるかもしれませんが、実際は学生時代に比べるとライバルは少なく、ゲームのルールが違うのです。本気でやり続けている人は、受験勉強の時代に比べると「実はそんなに多くないのでは？」というのが私の経験上の印象です。

まさにこの「実はそんなに多くない」という少数派の「成功者グループ」に入る。あなたの思考をそちらにシフトしていきましょう。

他の選択肢を捨てる

先ほど、本気で稼ぎたいなら会社を辞めたほうがいいと書きましたが、いまやっていることを守りながら別の結果を得ようとしても、ビジネスの世界はそれほど甘くはありません。現状を捨ててでもこれをやる、と決断した人は、成功する可能性が高い。

たとえば、高級マンションに引っ越す、辞表を出す、高い商品を買う、1日20時間作業するなど「普通の人がやらない思い切った行動」を取れる人は強いです。見方によっては「多くを求めず、必要最小限の目標だけを目指した人」と言えます。本人にとっては大変だと思いますが、中途半端にいろんなことをやるよりはよほど近道を進んでいます。

私が見てきたスクール生でも大きな成果を上げる人は、みんなこういうタイプでした。結果を出す人は次のことを必ずやっています。スクール生の中には会って次の日に辞表を出した人がけっこういて、彼らは成功をおさめています。

結果が出ない人は、こんな人です。

・お金をかけない
・時間をかけない
・努力をしない

ただ口であれこれ言っているだけでは結果は出ません。自分が何かをやった分が返ってくるということがわかっていないのです。「やったことが成果に繋がる」。「やらなければ可能性はゼロ」。誰にでもわかるごく簡単な理論です。
「時間」と「努力」の違いをわかりやすく言うと、次のようなイメージです。

たとえばダイエットの場合、Aさんは1時間ウォーキング。Bさんは1時間かけて筋トレをしていたとします。

この場合、Bさんのほうが「努力した」と言えます。努力というのは「負荷のかかった時間を過ごす」という意味で理解していただければいいと思います。

いますぐ年収2000万を稼ぐ最終ステップとは

何事にも段階があり、ビジネスの世界においても、稼ぐためのステップが存在します。私のセミナーや動画などを見た人がものすごくやる気になり、「何から売っていったらいいですか?」と質問してくることがあります。もちろん消費者から提供者になる上で、何か商品を販売しようと思うことは非常にいいことです。

しかし、ビジネスを始めたての人が見落としているポイントがたくさんあります。

私がいつも思うのは、すぐにお金を相手から取ろうとしてはいけないということ。

もちろん、ビジネスなので最終的には利益をどこかであげるわけですが、ビジネスを始めた当初から、いきなりお金を相手が払ってくれるというケースは稀です。そこには消費者心理があり、あなたが人の気持ちを理解するところから始まります。

ここからは、これから何をしていったらいいか？　そして利益をあげるためには何が必要なのか？　を具体的に考えていきましょう。

無料から有料に流れる購買意欲を理解する

ビジネスは、販売者と消費者がいて成り立つもの。あなたがこれからビジネスをするということは、販売者側の目線に立たなければなりません。

ここで知っておいたほうがいい消費者心理は〝**無料から有料に購買意欲は流れていく**〟ということ。

サービスでも物でもそうですが、消費者がお金を支払うタイミングを観察してみましょう。

あなたは事前に何も情報や知識がない状態で、お金を支払うことがありますか？

答えは「NO」だと思います。

どんな商売も、無料から有料に移り変わっていきます。

たとえば芸能人のファンになるとき。その芸能人を知るときというのはテレビや雑誌などの情報で、無料で知ります。そしてファンになり、CDやDVDを買い、ファンクラブに入ってライブのチケットを取って……と、どんどんお金をつぎ込んでいきます。

レストランやカフェもそう。テレビのワイドショーやインターネットなどで話題の店の情報を仕入れて、今度ここに行ってみよう！　とお金を落とす。エステサロンなども、最初は無料体験チケットなどで気軽に試してから有料のコースに申し込む。

「お客さんの購買意欲は無料から有料へと流れる」というのは、情報ビジネスだけに限らず、どの業界でも全てそうなのです。

まずは惜しみなく情報を無料提供する

つまり、最初は質のいい無料コンテンツや情報を用意すること。

その際に「無料だからこのくらいでいいかな？」と、あなたが手を抜いてクオリティが低い商品やサービスを提供したら、消費者はお金を支払おうとは思いません。

ポイントになるのは「有料にしてもおかしくない内容を無料で提供する」こと。

ビジネスを始めたばかりの多くの人は、情報をすぐに「販売」しようとしがち。

でもみなさんの中で、「人に教えたり文章を書いたり、人前で何かを話したりすることがとても得意です。文章力やトーク力で消費者の心を動かす自信があります」という人はどれくらいいるでしょうか？　経験の少ない人が、いきなり情報を10万で売ったとしても、残念ですが誰も買いません。

何度も繰り返しますが、無料で提供することに意味があるのです。人は目に見える結果で心を動かします。あなたが稼げるノウハウをお客さんに無料で教えて、お客さんが数万円稼げたとします。お客さんは自分の口座に入ってきた金額を見て初めて、あなたの持っているノウハウや情報がもっと欲しいと考えるのです。

その時に初めて有料販売に移ることが、気持ち良くビジネスをする上で必要になると思います。自分から攻めた営業をしていくより、相手から欲しいと求められたほうが何倍もビジネスがしやすい。

あなた自身、商品やサービスを受けるときに、あまりに一方的に営業トークをされて、むしろ遠ざけたくなった経験がありませんか？　ぜひそういった消費者心理を理解して、次のステップへ進んでみてください。

ここは押さえたい、相手に響く情報内容

「有料にしてもおかしくない価値がある無料情報とは、いったいどれぐらいのクオリティなのですか？」

と、聞かれることがあります。

確かにどんな情報でも価値があればいいのかというと、そんなことはありません。

あたりまえかもしれませんが、需要がある情報を提供すること。全くの的外れな情報を一生懸命発信していても、発信するほうも受信するほうも時間の無駄。
そこでポイントになるのは、性別によって響く情報のポイントが異なるということ。男女にはそれぞれ独特の欲求があり、お金を出してでも手に入れたいと思う情報は異なります。それぞれ3つずつあるので、紹介していきましょう。

男性の場合

- **お金**
- **目標**
- **女性**

女性の場合

- **美容**
- **結婚**
- **幸せ**

というように、男女にはそれぞれ響きやすいポイントが存在しています。「欲しい」というより「情熱を注いでいる」というほうがわかりやすいでしょうか。

たとえば男性なら綺麗な女性とつきあって、お金がたくさんあって目標も達成したい。女性は年収の高い男性と結婚できる方法があったら知りたいとか、モデルみたいな容姿が手に入る方法があるなら実践したいとかいう欲求が強い。「500万で佐々木希さんになれる方法がありますけど、どうですか?」と聞いたら、多くの女性が「なりたい!」「どうやって500万円を工面しよう?」と、頭の中で試算し始めるのです。女性はいつまでも美しく若くいたいと思うので、いくらお金を出しても手に入れたいのです。

人間が求める自然な欲求であり、喉から手が出るほど欲しい情報。そこにアプローチしていくのが、最もニーズが高くユーザーに響きやすい。自分が情報発信する時には、ぜひターゲットに合ったものを用意してみてください。

オンライン×オフラインという最強の組み合わせ

一口に情報発信といっても様々な方法があります。私がオススメなのが、オンラインとオフラインを組み合わせたやり方です。

オンラインは、インターネットを使って集客し、コミュニケーションをとること。オフラインというのは、リアルな人間関係で繋がっていくことや顔を合わせて仕事をすること。

私の場合はＹｏｕＴｕｂｅで動画をアップしたり、メルマガで情報を配信したりと、まずはどこでもできるオンラインで有益な情報を配信しています。

そして、たまにオフラインでセミナーを行ったり、教え子には直接会う時間をとっています。このようにまずはオンラインで集客をしてから、オフラインで教育し、営業していく。この組み合わせが、ビジネスをしやすいのではないかと思っています。

もしも逆だったらどうでしょう？

オフラインのリアルな人脈を使って一生懸命集客をし、人数を集めるのはとても時間と手間のかかる作業です。WEBやSNSが発達している現代だからこそ、まずは無料で使える全てのツールを使って、自分が実際に目の届く範囲を超えたところで情報を配信することで、お客さんが集まってくる。それを可能にするのが、インターネットの素晴らしいところだと思っています。

オフラインで集めると「知り合いだから」と義理立てして来てくれる方もいるかもしれませんが、オンラインから集まってきた見込み客は、本当に私に興味がある人たちばかり。私の情報を求めて、検索して向こうから来てくれるというのは、ビジネスをする上で最もやりやすいビジネススタイルだと思います。これからビジネスを始めるという方は、オンラインとオフラインをうまく組み合わせて、ぜひ利益を上げていってほしいと思います。

「手に入れたい」という想い、「失いたくない」という想い

人がモノを買いたくなる瞬間はどんなときでしょう。

あなたが人に高額商品を「欲しい」と思ってもらいたいとき、その人の「得たい欲」と「避けたい欲」のどちらかを刺激することがポイントになります。

「得たい欲」というのは、たとえば、タワーマンションに住めます、高級車に乗れます、起業できます、自由になれます、お金持ちになれます、本を出してベストセラーになります、テレビに出るような有名人になれます、モテます……というプラス系の欲。

「避けたい欲」というのは、たとえば、このまま働き続けると20年後もそんなに変わらない給料かもしれない、いまの給料のままだったら一生結婚できないかもしれない、満員電車に乗り続けることになるかもしれない、いまのファッションだと女性にモテない、いまの歯並びだと噛み合わせが悪くていずれガタが来る……など、そうはなりたくないというマイナス系の話です。

割合として「得たい欲」のほうは、イメージ力の強い人には響きますが、全体的に見ると少数派。どちらかというと「避けたい欲」のほうが、人はイメージしやすいもの。このまま現状が続いていく……というストーリーは、今の自分からイメージできることなので多くの人にとってリアリティがあります。

実際に私も、このアプローチで歯をキレイにしました。「前歯の歯並びがよくないですね。その歯のまま一生過ごしますか？」「綺麗な歯にして人前に出る人生と、コンプレックスを抱いて生きるいまのままの人生、どちらがいいですか？」と言われ「このままじゃ嫌だな」と大金をかけて歯をキレイにしました。

商品を販売するときは、この2つの欲を適切に刺激してあげることによって、相手を理想の現実へ導くことができるようになります。

教えるスキルを身に付ける

「教えるスキル」は収入を10倍にします。このスキルがあれば、自分が商品を買った分の10倍は稼げるでしょう。まずは人に教えることができるようになり、1回セミナーをやってみます。自らが経験した5万円を稼げる方法を1万円で教えるとすると、10人に教えれば10万円、100人に教えれば100万円の利益になります。それを動画に撮っておいて、その動画を3000円で販売すれば、何もせずにお金が稼げます。このサイクルを作るだけで、稼げる金額は自然と倍々ゲームになっていくわけです。

多くの人は「自分は人前で話すのは苦手」と思い込んでいます。私もそうでしたが、あるとき、魅力的なセミナートークで参加者を魅了する大物経営者に直接お話を聞いたことがあります。そのとき言われた言葉がいまでも胸に残っています。

「誰も話すことに向いていない。練習したか、練習していないかだけだ。私も最初は苦手だった。もし練習してうまくなれば、誰も持っていない君だけの『武器』が手に入る」

こう言われたことが転機となり、苦手意識のあった「話す練習」を始めることにしました。毎日ビデオ撮影して1日12時間以上かけて特訓した日もありました。いまでこそYouTubeに公開しているセミナービデオは多数ありますが、口下手だった頃のお蔵入り映像だって山ほどあります。それだけの時間と労力をかけても、教えるスキルは習得する価値の高い「稼げるスキル」なのです。

パソコン1台で時間と場所に関係なくできる「0円起業」

従業員を雇って事務所を用意して、起業するのにたくさんの資金がいるというのは一昔前の起業スタイル。いまは0円で起業できる時代です。

私のオススメは、インターネットを使った起業方法。個人的にいま取り組んでいるのは、電子書籍で情報発信をすることやYouTubeの動画配信による教育事業。そのほかにもいろいろあります。たとえば、無料のメルマガの配信、出版、YouTubeでの情報配信、投資を教えるKKAコミュニティの運営、インターネット物販を教えるKNJコミュニティの運営、不動産コンサルティングなど。

または会社員年収が600万以上あるなら、不動産投資を視野に入れてみてもよいでしょう。投資とビジネスでどちらが自分に合っているか悩むのならば、自分の性格を考えて向いているほうでトライしてみてください。

ビジネスと投資では少し差があるかもしれません。しかし最終的には自分が将来どうなりたいかという目標、夢、野心がキーポイントなので、試行錯誤しながらまずは一歩を踏み出すことが大切なのです。

どんな状況でもお金を生む3つの能力

もしも、いま持っている人脈や資産などが全てなくなった場合どうしますか？

「とりあえず半年ぐらいは生活できる貯金があるから大丈夫」

それはもちろん素晴らしいことです。でも、貯金残高は未来を保証してくれるわけではありません。ビジネス上の失敗だけでなく、不慮の事故や天災などが起こったとしても「お金を生む3つの能力」があれば大丈夫。

お金を生む3つの能力

①コピーライティング→人間心理を深く理解して、言葉で読者の行動を変える能力

②パブリックスピーキング→人間心理を深く理解して、話で視聴者の行動を変える能力
③マーケティング→新しいお客さんを集めること、および、お客さんの満足度を高めて、商品をリピートしてもらう能力

いざビジネスを始めた時に、自分に何かビジネススキルをつけたいと思うならばこの3つを意識してみてはいかがでしょうか。

文章を通してお金を生むコピーライティングは、文章で人を動かしたり物を売ったり、やる気にさせたり会いたいと思ってもらえるような能力のこと。

パブリックスピーキングはただ話せるだけではなく、お題に沿って話すことを即興でして、なおかつ話を聞いた相手からお金を引き出すことができる能力のことです。ちなみに私はパブリックスピーキングの勉強に50万円かけましたが、十分に回収できています。いまでは3時間でも台本なしで人前で話すことができます。

新しい見込み客をどんどん集めることができるマーケティングを学んでもいいで

しょう。マーケティングというと漠然としていますが、ようするに新しいお客さんを集めて既存のお客さんにどんどんリピートしてもらうことができるスキルです。

たとえば不動産を売りたいとしたら、ネット上に文章を載せたり動画を貼ったりしてそこから見込み客を集めて、最終目的である不動産販売に結びつけることができる。

このような集客・教育・営業を自動化し、囲い込む力を言います。

この3つをすべて一人でやろうとしなくてもいい。私の場合は話すのが好きなので、セミナーで稼ぐことができます。ほかにももっと能力を身につけておいた方がいいのでは？　と思われるかもしれません。

3つの能力すべてがなくてもいいけれどどれかひとつあれば、自分の強い武器になるのではないでしょうか。

あとがき

お金持ちの人に「あなたはなぜ成功したと思いますか？」「なぜこれだけの資産を築くことができたと思いますか？」と質問すると、みなさん、必ずこう答えます。

「お金持ちになるために諦めず、常に行動することを惜しまなかった」

この言葉を聞いて「そんなのお金持ちになった人だから言えることだ」「そんなの結果論に過ぎない」と思うかもしれません。でも、まさに真実はこの通り。頭のなかでいかに考えていても、行動しない限り、いつまでたってもお金持ちにはなりません。

私自身、冒頭でもお話ししたように、ヤンキー高校を出て、偏差値35から猛勉強して大学に入り、在学中に公認会計士試験に合格する……という異例の経歴を持っています。小学校から英才教育を受け、東大受験に一発で受かるようなエリートコースに乗り、私よりも数倍も頭が良い人は世の中にはたくさんいます。でも、彼らよりも高い収入を私が得ることができるようになったのは、ただひたすらに「お金持ちになることを諦めなかったから」だと思っています。


本書でもご紹介したように、世の中の大半の人は毎月会社から給料をもらい、平穏に過ごす日々を送ることで満足しています。また、いまの状況に不満を持ち、「お金持ちになりたい」「もっと収入を上げたい」と思っている人も多いでしょうが、こうした人たちのなかで、具体的なアクションを取る人はほとんどいないのが現状です。

「お金持ち」の世界に到達することを目標として、いま現在、努力している人は少ない。つまり、あなたのライバルは、実は思っている以上に少ないのです。

お金持ちになりたい。その気持ちを諦めずに努力を続ける人だけが、自由な時間と自由な経済力を得た、「幸せなお金持ち」になれると私は思っています。

最後に私からのアドバイスです。

この本を読み終わったら、この本に書いてあることを、なんでもいいから、いますぐに実践してみてください。「いまの仕事が落ちついてからやってみよう」「休暇が取れてからやろう」といって先延ばしにするのは厳禁です。

繰り返しになりますが、お金持ちになる人の最大のポイントは「諦めないこと&行動すること」です。いますぐに行動を起こすことができた人だけが、本書で紹介した「幸せなお金持ち」になれるはずですから。

金川顕教

かながわ・あきのり

株式会社 Social River 代表取締役。株式会社 Social Investment 代表取締役。三重県生まれ、東京都港区在住。

中学校のころ両親の離婚をきっかけにグレてしまいヤンキーになる。勉強は一切やらず、高校の偏差値は 35。しかし、そこから奮起し驚異の猛勉強。２浪を経て立命館大学に入学。在学中に公認会計士試験に合格、のち世界一の会計事務所「有限責任監査法人トーマツ」に就職するも、3 年後、「もっと自己成長して、自由になりたい」と考え始める。

そこから起業し、副業を開始するとなんと給料以上に稼いでしまう。これを機に、副業開始から４ヶ月後に会社に辞表を提出し、起業。事務所なし・従業員なしの「一人会社」は年々売上をのばし、４年間で９億 6600 万円を売り上げる。2017 年で５期目を迎え、年商は 10 億円を見込んでいる。

サラリーマン時代からは想像できないほど好きな時に、好きな人と好きなことをする自由を、日々満喫している。

その活動の一環であるメルマガでは購読者が４万人を突破し、理想が叶う LINE 通信は２万 8000 人を突破。コミュニティの生徒は全国に 2500 人。その教えで実際に成功を収める者は数知れない。

主な著書に、『チェンジ〜人生のピンチは考え方を変えればチャンスになる！』『年収 300 万円はお金を減らす人 年収 1000 万円はお金を増やす人 年収１億円はお金と時間が増える人』『財布はいますぐ捨てなさい』（すべてサンライズパブリッシング）、『ラクラク・かんたん・超楽しい！ ブックメーカー投資入門』（秀和システム）、『すごい効率化』（KADOKAWA）などがある。

プロデュース
水野俊哉

企画協力
川田　修、岡部昌洋（サンライズパブリッシング）

編集協力
百瀬しのぶ、藤村はるな

デザイン
山下可絵

撮影
鈴木伸之（クロスボート）

ヘアメイク
村上ゆうすけ

理想が叶う金川顕教LINE通信（2万8000人が登録中）
@rgt0375y（ID検索またはQRコード読み込み）

金川顕教公式無料メールマガジン（4万人が購読中）
http://akinori-kanagawa.com/lp/

金川顕教オフィシャルサイト
http://akinori-kanagawa.jp/

これで金持ちになれなければ、一生貧乏でいるしかない。

お金と時間を手に入れる6つの思考

2017年8月7日　第1刷発行

著　者　　金川顕教
発行者　　長谷川　均
編　集　　碇　耕一
発行所　　株式会社ポプラ社
〒160-8565　東京都新宿区大京町22-1
Tel:03-3357-2212（営業）
03-3357-2305（編集）
振替 :00140-3-149271
一般書出版局ホームページ　www.webasta.jp
印刷・製本　図書印刷株式会社

N.D.C.159／231p／18cm　ISBN978-4-591-15542-4